© Schwager & Steinlein Verlag GmbH
Emil-Hoffmann-Str. 1, 50996 Köln
Texte von Ute Haderlein, Uwe Müller, Ursula Muhr, Erika Scheuering und anderen
Illustrationen von Zora Davidović, Sigrid Gregor, Marion Krätschmer, Lawrie Taylor,
Isabelle Winnlen und Maria Teresa Zannin
Gesamtherstellung: Schwager & Steinlein Verlag GmbH
www.schwager-steinlein-verlag.de
Alle Rechte vorbehalten
ISBN 3-89600-738-6
Art. Nr. 11738

Das große Buch der Gutenachtgeschichten

schwager & Steinlein

Der rote Zirkus-Bus

Täglich fuhr der Busfahrer mit dem roten Bus vom Stadtrand in die Stadt. Dem Bus gefiel die Strecke sehr gut. Er fuhr Kinder in die Schule und Männer und Frauen zur Arbeit oder in die Stadt zum Markt. Der Bus freute sich immer, wenn er viele Leute hin- und herfahren konnte. Allerdings war er sehr alt. Ein Scheibenwischer war kaputt, und die rote Farbe blätterte auch schon ab.

Schließlich bekam der Busfahrer einen neuen Bus. Der rote aber kam auf den Schrottplatz, wo alle alten Autos und Busse landen. Nun stand er da und war sehr traurig. Eines Tages kam ein Mann auf den Schrottplatz und lief zwischen den alten Autos hin und her, bis er an den roten Bus kam. „Oh, du gefällst mir aber gut", sagte der Mann zum Bus. „Dich kann ich gut gebrauchen."

Der Bus wurde ganz aufgeregt. „Weißt du", sagte der Mann, ich bin ein Zirkusclown. Ich brauche dringend einen Bus. Damit kann ich die Kinder abholen, und dann spiele ich ihnen etwas vor." Der Bus freute sich riesig. „Ja", sagte der Clown, „dich nehme ich. Morgen hole ich dich ab. Dann bekommst du schöne Gardinen an die Fenster und neue rote Farbe kriegst du auch."

Der Bus war sehr glücklich. Vor Freude lief ihm eine Träne vorn aus seinem rechten Scheinwerferauge. Aber der Clown sah sie nicht, er hätte es auch nicht geglaubt.

Petra Kirschbaum

Vom Frosch Florian und der Krähe

Der Frosch Florian saß auf einem Seerosenblatt und war mit seinem Quaken nicht mehr zufrieden. „Immer quak, wie langweilig", quakte er und … erschrak. Denn am Ufer sah er die Krähe sitzen. „Du bist ja ganz blassgrün", krächzte sie. „Keine Angst, ich tu dir nichts. Dir geht das Gequake auf den Wecker? Ich fände es lustig, einen Tag lang zu quaken. Dafür leihe ich dir meine herrliche Stimme."
„Quak, die klingt ja wie ein rostiger Mülleimer", lachte Florian.
Aber die Krähe war schon in den Wald geflogen und holte die Zauberfee. Sie sprach: „Wer singt, macht quak für einen Tag; wer quakt, der singe. Zauber gelinge!" Und nun krächzte der Frosch, und die Krähe flog quakend davon.
Am anderen Morgen trafen sich die beiden wieder – die Krähe mit zerzaustem Gefieder und Florian mit einer blauen Beule am Kopf.
„Willst du zur Modenschau mit deinem blauen Hütchen?", spottete die Krähe.
„Nein", quakte der Frosch, „ich dachte, wenn ich singen kann, dann kann ich auch fliegen." „Und mich hat der Storch mit dir verwechselt und mir die schönsten Federn zerrupft", schimpfte der Vogel. „Und ich dachte, du warst in der Reinigung, und sie haben das Bügeln vergessen", foppte Florian, machte einen Kopfsprung und verschwand zwischen den Seerosenblättern.

Erika Scheuering

Der gierige Tom

Eines Tages klopfte es an die Tür der Mäusefamilie. Sie machten auf und waren gar nicht besonders glücklich, als sie Mäuserich Tom erblickten. Er war überall dafür bekannt, ein Gierschlund zu sein, der, wenn er zu Besuch kam, alle Vorräte auffraß und sich dann aus dem Staub machte. „Könnte ja sein, dass er sich gebessert hat", dachte die Mäusemama und ließ Tom eintreten.

Aber kaum in der Wohnung, suchte Tom nach Essen und dann fraß er. Er fraß und fraß, bis sein Bauch ganz dick war. Als auch das letzte Stückchen aufgefressen war, sagte er tschüss und wollte gehen.

Aber, o weh, als er zur Hälfte durch die Tür war, blieb er plötzlich stecken und konnte nicht mehr vor und auch nicht mehr zurück! Er saß fest.

„So helft mir doch endlich", winselte er.

Die anderen Mäuse zögerten zuerst, aber dann versuchen sie doch ihm zu helfen. Sie drückten, zogen und schoben, aber Tom kam nicht von der Stelle. „Da hilft nur eines", sagte die Mäusemama und holte eine Nähnadel. Damit pikte sie den armen Tom kräftig in den Po. Man hörte ein lautes „Auuh", es gab einen Ruck, und der dicke Tom war draußen. Alle mussten lachen, ja, sie hielten sich sogar die Bäuche, so mussten sie lachen. Alle außer Tom, der hielt sich den Po und nahm sich vor, nie wieder so gierig zu sein.

Heide-Marie Liebau

Jens und seine neuen Freunde

In einem kleinen Dorf lebte einmal ein Junge mit Namen Jens. Er hatte so viele Spielsachen, dass er schon gar nicht mehr wusste, womit er überhaupt spielen sollte. Eines Tages bekamen Jens und seine Eltern neue Nachbarn. Es war eine sehr nette Familie mit drei Kindern, die Julia, Nils und Lars hießen. Sie fragten Jens gleich, ob er mit ihnen spielen wollte, und nahmen ihn mit auf ihr Zimmer. Dort aber bekam Jens große Augen, denn es war nur sehr wenig Spielzeug da. „Mehr habt ihr nicht?", fragte er ganz erstaunt.

„Nein", erwiderte Lars. „Weißt du, unser Papa ist arbeitslos und wir müssen sparen. Aber das ist nicht so schlimm, denn wir erfinden einfach immer neue Spiele."
Und sie zeigten ihm einige davon. Den ganzen Nachmittag spielten sie, und Jens fand, dass er schon lange nicht mehr so viel Spaß gehabt hatte.
Als er abends wieder zu Hause war und in sein Zimmer kam, dachte er: „Eigentlich könnte ich Lars, Nils und Julia etwas von meinem Spielzeug abgeben. Sie haben so wenig, und ich habe mehr als genug davon." Er fragte seine Eltern um Erlaubnis. Die waren sofort einverstanden, und gemeinsam sortierten sie aus, was die Nachbarskinder bekommen sollten. Die freuten sich natürlich riesig über die Geschenke. Und von nun an spielten sie abwechselnd mal mit den Spielsachen, und mal erfanden sie lustige neue Spiele. Und das fanden alle sehr schön.

Regina Meyer-Naujoks

Der gastfreundliche Farn

Der bunte Schmetterling, den jeder bewunderte, flog eilig durch den Wald. Gern hätte der Farn ihn als Gast eingeladen, doch der Schmetterling hatte sich schon etwas anderes vorgenommen. „Ich besuche lieber die schlanken Narzissen und all die anderen jungen Frühlingsblumen in den Gärten", säuselte er.

Bald schwirrte er zwischen den Blumen umher, spannte weit seine Flügel aus und ließ sich von der Sonne bescheinen. Er fühlte sich so richtig wohl, wenn er auf einer duftenden Blüte saß, Nektar trank und sanft geschaukelt wurde. Er liebte die warmen Sonnenstrahlen weit mehr als den schattigen Wald.

Der Schmetterling bemerkte nicht die große graue Wolke, die plötzlich am Himmel aufzog und die Sonne verdeckte. Ein kräftiger Windstoß ließ die Blumen erzittern, und der Schmetterling wurde unsanft aus seinen Träumen gerissen. Schon fielen die ersten dicken Regentropfen, die Blumen schlossen geschwind ihre Blütenkelche.

Für den Schmetterling wurde es nun höchste Zeit, sich einen Unterschlupf zu suchen. Er flog schnurstracks in den Wald zu dem Farn zurück.

„Schau nur, meine Flügel sind vom Regen ganz schwer. Darf ich mich unter deine großen Blätter setzen und trocknen?"

„Komm nur", meinte der Farn, „ich habe gerne Gäste!"

Sonja Keil

Der Wassergeist vom Rathausbrunnen

Jahrelang hat der Wassergeist im Teich von Schloss Weichenstein gelebt. Jetzt sind die alten Gemäuer verfallen und seine Bewohner in alle Winde zerstreut. Daher beschließt der Wassergeist den Umzug in eine kleinere Wohnung. Der Brunnen vor dem Rathaus in Tangelhausen ist die richtige Bleibe. Als Rentner will der Wassergeist nur noch kleine Wunder geschehen lassen. Die Gelegenheit dazu kommt, als der Junge Daniel eines Tages Durst hat. Er hält seinen Mund unter den Wasserstrahl, der aus der Säule in das Brunnenbecken fließt, trinkt und wundert sich: „Das ist ja Zitronenlimonade!" Die kleine Johanna hört das und kostet auch vom Wasser. Überrascht ruft sie: „Mh, Himbeerlimonade!"

Die Geschichte vom Wunderbrunnen spricht sich herum. Die Einwohner schöpfen aus ihm ihren Kaffee, die Milch und sogar süßen Wein. Sie brauchen es sich nur zu wünschen. Ein Tangelhausener Bürger aber schleicht sich in der Nacht mit Eimern zum Brunnen. Er schöpft sie voll und füllt die Flüssigkeit zu Hause in Flaschen. Die verkauft er in die Nachbarorte. Dem Wassergeist gefällt das nächtliche Treiben nicht. Und am nächsten Tag sind die verkauften Flaschen leer, obwohl es in ihnen gluckert. Auf den Schildern steht geschrieben: „Rathausbrunnenluft!"

Wunderwasser gibt es seither in Tangelhausen nur noch einmal im Monat, und zwar am vierunddreißigsten.

Horst H. Jork

Schweinchen und Maus auf der Wippe

„Komm, lass uns wippen!", schlug das Schweinchen vor. „Ja, gern", erwiderte die Maus. Sie nahmen einen langen Baumstamm und legten ihn als Balken über einen dicken Stein. Dann setzte sich jeder auf ein Ende. Aber das Schweinchen saß unten, und die Maus konnte machen, was sie wollte, ihr Ende blieb in der Luft.
„Deine Seite ist zu schwer", sagte sie schließlich.
„Dann wollen wir den Platz tauschen", meinte das Schweinchen. Das taten sie auch, aber wieder saß das Schweinchen unten, und die Maus konnte machen, was sie wollte, auf ihrer Seite ragte der Balken in die Luft.
„Schweinchen, du bist zu schwer!", stellte sie endlich fest. Sie rief einen Hund herbei, der stellte sich zu ihr, aber das Schweinchen blieb immer noch unten. Da kamen noch die Katze, das Kaninchen, die Ente und das Huhn und stellten sich aufeinander, aber das Schweinchen blieb weiter unten. „Du bist immer noch zu schwer!", sagte die Maus. Schließlich kamen noch der Hahn, der Igel und die Taube, und alle stellten sich auf der Seite der Maus aufeinander. Plötzlich senkte sich der Balken an diesem Ende, und das Schweinchen wurde langsam in die Höhe gehoben.
„Jetzt sind beide Seiten gleich schwer!", rief die Maus. Und nun begann ein fröhliches Wippen.

Harry Timm

Die Waldfee und der Frühlingsbaum

„Autsch", sagte die kleine Waldfee Rosemarie, als sie durch ein unsanftes Rütteln aus ihren Träumen gerissen wurde.
Der Hase Karli hüpfte aufgeregt vor ihrem Bett hin und her und maulte: „Mann, du bist vielleicht eine tolle Waldfee! Alle Tiere sind schon am Frühlingsbaum versammelt! Du weißt doch, dass wir ohne dich das Frühlingsfest nicht feiern können!"
„Ach, du liebes Hühnerbein", rief Rosemarie erschrocken, „da hätte ich doch beinahe den Frühlingsanfang verpasst!" Fix zog sie ihr wunderschönes Feenkleid an und raste wie ein weißer Blitz durch den Wald. Sie lief so schnell, dass Karli kaum mitkam.
Am Ziel holte sie ihren goldenen Zauberstab hervor, drehte sich neunmal im Kreis und sagte: „Holla, bolla, Blütenblatt, komm hervor und dann fall ab."
Ja, und sogleich geschah das Wunder: Der Baum bekam viele tausend weiße Blüten. Dann klatschte Rosemarie in die Hände und rief: „Der Frühling ist da, das Fest kann beginnen!" Und sie feierten einen Tag und eine Nacht lang. Und so lange blühte auch der Frühlingsbaum. Danach aber fielen seine Blüten ab, wehten durch den Wald und verwandelten sich in viele tausend kleine weiße Blümchen, die die Menschen „Windröschen" nennen.

Regina Meyer-Naujoks

Das Gutenachtschiff

„Gute Nacht!", ruft Felix. Dann geht er in sein Zimmer, holt alle Kuscheltiere aus dem Regal und setzt sich mit ihnen ins Bett. „Wir fahren jetzt aufs große Meer. Ihr seid die Matrosen, und ich bin der Kapitän", erklärt er ihnen.
Der Teddy mit dem abgerissenen Ohr darf neben Felix sitzen. Paula, die gelbe Kuschelente, beobachtet vorne im Bett den Seegang. Dann fängt Felix leicht zu schaukeln an. „Das sind die Wellen", sagt er.
„Ich will aber wieder ins Regal!", jammert Milly, die Maus.
„Zu spät, wir sind schon unterwegs", meint Felix.
Da quietscht Paula, die Kuschelente, plötzlich los: „Die Wellen werden höher und dicker, schwarze Wolken hängen am Himmel!"
Felix schaukelt stärker und schwenkt seine Bettdecke hin und her. Ein Bild fällt von der Wand, und Teddy fliegt in hohem Bogen gegen die Zimmertür. „Hilfe, ich bin ins Wasser gefallen", brummt er laut.
Da öffnet sich die Tür einen Spalt, und die Mutter schaut erstaunt herein. „Mama, schnell, Teddy ist über Bord gefallen! Rette ihn!"
Die Mutter hebt den Teddy auf und kuschelt ihn zusammen mit Felix in die Decke. „Gute Nacht, Kapitän Felix", flüstert sie ihm ins Ohr und gibt ihm einen Gutenachtkuss.

Angelika Timm

Das Zebra mit den Punkten

Es war einmal ein Zebra, das hatte nicht wie alle anderen Zebras Streifen, sondern lauter schwarze Punkte am Körper. Die anderen Zebras lachten es deshalb immer aus. „Haha, da kommt das Sommersprossenzebra", riefen sie.
Das Zebra mit den Punkten wurde dann immer ganz traurig, ließ den Kopf hängen und lief fort. Es versuchte alles Mögliche, um auch Streifen zu bekommen. Es ging zum Nashornarzt, es befragte den schwarzen Panter, und es ging auf Empfehlung der Giraffe zwei Wochen lang um Mitternacht im Mondschein spazieren. Aber keiner und nichts konnte dem Zebra helfen.
Eines Tages traf es einen alten Elefanten. „Oh", sagte er, „bist du aber hübsch! Ich kenne nur gestreifte Zebras." Bewundernd ging er um das Zebra herum. Da wurde es vor Verlegenheit ganz rot im Gesicht.
Dann rannte es jubelnd und tanzend zu den anderen Zebras und sang: „Mich gibt es nur einmal …" Sie gafften das Punktezebra mit offenen Mündern an.
Nach einiger Zeit sagte ein Zebra kleinlaut: „Wie du aussiehst, ist ja gar nicht wichtig. Hauptsache, du läufst nicht immer gleich weg und wir können mit dir spielen."
So wurden das Punktezebra und die Streifenzebras doch noch Freunde.

Angelika Timm

Wie der kleine Timmi ein berühmter Clown wurde

Tim Tollpatsch war der Clown im Zirkus Marifari. Jeden Tag musste er über Wassereimer stolpern, auf einem ausgestopften Löwen reiten und dazu noch auf der Geige spielen. Auf einem wackeligen Stuhl machte er einen Handstand und schlenkerte mit seinen übergroßen Latschen. Da passierte es. Der Stuhl brach zusammen. Tim Tollpatsch fiel auf die Nase und schrie: „Au weh!" Die Leute klatschten und meinten, das soll so sein. Aber er hatte sich wirklich wehgetan.

Am anderen Morgen war die Nase dick und rot. „So kannst du nicht auftreten", sagte Timmi, sein kleiner Sohn. Der Clown war verzweifelt.

„Keine Sorge", meinte Timmi, zog sich Papas Kostüm an, rannte in die Zirkusmanege, trat sich auf die langen Hosenbeine und schlug einen Purzelbaum. Das Publikum lachte, und die Kapelle spielte „Täterätä!" Ein ausgestopfter Löwe kam herbeigelaufen. Timmi wollte hinaufspringen, aber er fiel herunter und in den Wassereimer hinein. Die Zuschauer waren begeistert!

Nach der Vorstellung gratulierte der Zirkusdirektor höchstpersönlich dem kleinen Clown und schrieb auf alle Plakate: „Tim und Timmi Tollpatsch, die weltberühmten Clowns!" Da war der Papa sehr stolz auf seinen kleinen Sohn.

Und wenn der Zirkus Marifari in eure Stadt kommt, dann müsst ihr unbedingt hineingehen.

Erika Scheuering

Die Flaschenpost

Irmi braucht Luftveränderung, sagte der Arzt. Deshalb ist Irmi nun an der See.
Im Erholungsheim sind viele Kinder. Manche sind schon länger da und kennen sich. Die toben durchs Haus und haben Spaß miteinander. Andere sind neu, so wie Irmi. Die sind stiller. Zuerst fühlt sich Irmi einsam und sehnt sich nach ihren Eltern. Doch dann freundet sie sich mit Niko an.
Und nun beginnt eine schöne Zeit: Die beiden waten durch das Watt, bauen Sandburgen und sammeln Muscheln am Strand.
Dabei finden sie eine grüne Flasche. Neugierig betrachten sie sie von allen Seiten.
„Da ist was drin!", ruft Irmi. „Schau doch! Ein Zettel oder ein Brief!"
„Das ist bestimmt eine Flaschenpost", meint Niko, „wo mag die wohl herkommen? Von wem wird sie sein? Wir müssen die Flasche öffnen."
Niko tut es.
Dann bestaunen Irmi und Niko die Zeichnung auf dem Briefpapier.
Sie zeigt ein Haus, Sonne, Wolken, Vögel, Blumen und in der rechten unteren Ecke eine winzig kleine Maus. Weißt du, wer solche Briefe malt?

Sonja Keil

Frühlingserwachen bei Hamsters

Der Oberhamster Clemens erwachte auch in diesem Jahr als Erster aus seinem Winterschlaf.
„Es ist Frühling!", rief er. „Öffnet die Tür und lasst ihn herein!"
Der kleine Hamster Clemens blickte suchend: „Wo ist der Haustürschlüssel?"
Niemand wusste es.
„Oberhamster Clemens hatte ihn zuletzt, als er am Anfang des Winterschlafs die Tür damit verschloss!", sagte Hamster-Oma Clementine.
„Das stimmt!", gab dieser zu. „Aber wem gab ich ihn dann?"
Da meinte der kleine Hamster Clemens: „Bisher gab es immer Ärger mit dem Schlüssel. Im vergangenen Jahr fanden wir ihn am Schlüsselbrett. Im Frühling davor steckte er von außen im Türschloss… Ich würde mich nicht wundern, wenn der Schlüssel diesmal zwischen den Primeln läge."
Und mit einem sicheren Griff in den Blumentopf beförderte er den Schlüssel ans Tageslicht. „Aber, aber", stotterte der Oberhamster, „wie hast du das so schnell herausgefunden?"
„Das war einfach", sprach der kleine Clemens, „man muss nur wissen, dass Primeln auch Schlüsselblumen heißen!"

Horst H. Jork

Der Tränen-Wunsch-Wichtel

Dicke Tränen kullerten Lenas Wangen herab, denn es wollte nicht aufhören zu regnen. „Ach, könnte ich doch die Sonne rufen, damit ich draußen spielen darf!", schluchzte sie. Plötzlich ertönte eine Stimme: „Hallo, Mädchen!"
Lena schaute sich um. Wer war denn das? Ein klitzekleines Männchen kam unter dem Tisch hervor. „Wer bist du?", fragte Lena erstaunt.
„Ich bin der Tränen-Wunsch-Wichtel und helfe den Kindern, die traurig sind."
Sprach's und zog sich an einem Kabel zum Tisch empor.
„Wie willst du kleiner Wicht die Sonne holen?" Lena schüttelte den Kopf.
Der Wichtel nahm einen Stab aus der Tasche und klopfte auf den Tisch. „Damit rufe ich alle Wichtel herbei, damit sie uns helfen." Lena schaute sich um. „Ich kann aber keine Wichtel sehen."
Da öffnete sich der Tuschkasten. Pinsel setzten sich in Bewegung, und es erschienen bunte Wichtel. Flugs wurde das Fenster geöffnet, und ein Wichtel stieg auf den anderen. Der gelbe auf den roten, der blaue auf den grünen, bis zu den Wolken hinauf. Die ersten Sonnenstrahlen trafen auf die Wichtel, und sie leuchteten wie ein großer bunter Bogen. Vielleicht ist das der Regenbogen?

Meike Gottwald

Wenn der Kuckuck ruft

„Onkel Kasimir kommt!" Kitty saust ihm entgegen. „Gehen wir zum Teich, die Fische füttern?", fragt sie. – „Natürlich, komm nur mit!" Sie laufen auf dem Feldweg den Berg hinauf. Onkel Kasimir zupft einen Grashalm ab.
„Was machst du?", fragt Kitty.
Er nimmt den breiten Halm zwischen seine beiden Daumen, setzt sie an die Lippen und – „Kikeriki!", krächzt er, „kikerikii!"
Danach klingt es wie ein Käuzchen, dann wie ein Hirsch. Kitty staunt. Was Onkel Kasimir alles kann! Deshalb ist er ihr auch der liebste Onkel auf der ganzen Welt. Kitty kennt niemand, der einen solchen Onkel hat, auch nicht ihre Freundin Conny.
„Still. Hör mal!", sagt nun der Onkel Kasimir. „Der Kuckuck ruft! Der erste Kuckuck in diesem Jahr!" Kitty lauscht, und der Onkel kramt in seinen Taschen. „Was suchst du denn?", will Kitty wissen. „Na, wo hab ich denn, wo ist denn …?" Endlich hat er seinen Geldbeutel gefunden. Den schüttelt er nun so kräftig, wie er kann. „Weißt du", sagt er, „wenn der Kuckuck ruft, musst du dein Portmonee schütteln, dann wirst du immer viel Geld haben, ja, reich sein. Ich mach das stets, wenn ich den ersten Kuckuck rufen höre."
„Und – bist du reich?", fragt Kitty. Da lächelt der Onkel Kasimir und sagt: „Komm, die Fische warten …"

Sonja Keil

Futter für die Spatzen

Als die ersten Krokusse blühten, ließen sich die Spatzen lautstark vernehmen. Sie zeterten schon am frühen Morgen, gerade so, als wollten sie verkünden: Auch in diesem Jahr ist dieser Garten wieder unser Revier! Sie fühlten sich dort wie zu Hause. Das sah man an den Krokussen, die nach wenigen Tagen umgeknickt und zerrupft im Gras lagen. Ja, die Spatzen waren wieder in ihrem Element, alles gehörte ihnen, zuerst die Frühlingsblumen, dann die schönen, roten Kirschen.

Übermütig spotteten sie den ganzen Sommer lang über eine Pflanze, die sie hier noch nicht angetroffen hatten. „He, du Besenstiel, was soll aus dir werden?", höhnten sie. „An dir ist ja gar nichts dran, du bist doch nur ein grüner Stängel, piep! Willst wohl in den Himmel wachsen?" Doch die Pflanze ließ sich nicht beirren, sie wuchs noch ein Stück höher.

Der Herbst kam, die Nächte wurden kalt, von den Blumen und den Kirschen war nichts mehr zu sehen. Langsam wurde das Futter knapp für die geschwätzigen Spatzen. Hungrig schwirrten sie umher. Sie beschlossen, sich nach der langen Latte umzusehen. Und siehe da! Diese hatte inzwischen golden wie die Sonne geblüht und unzählig viele Kerne angesetzt.

„Entschuldige, dass wir dich verspottet haben", zwitscherten die Spatzen. „Willst du uns helfen, unseren Hunger zu stillen?" Die Sonnenblume nickte würdevoll, und die Spatzen konnten sich an den guten Sonnenblumenkernen laben.

Sonja Keil

Wie das Wölkchen regnen lernte

Am blauen Himmel segelte ein kleines, weißes Wölkchen. Es formte sich zu einem Krokodil und dann zu einem Häschen. „Ui, dort fliegt der Osterhase!", riefen die Kinder unten auf der Erde. Da türmte sich die große, graue Mutter Wolke, die heute im Nachbarort Regendienst hatte, über dem Wald auf und schimpfte: „Mach nicht so dummes Zeug, lern lieber das Regnen!" Das Wölkchen schämte sich und wurde im Abendsonnenschein ganz rosa. Schnell ließ es sich nach unten fallen. „Heut geh ich der Mama lieber aus den Augen", dachte es und flog über einen Garten. Dort kniete die Susi auf einem Stuhl und steckte den Finger in ein Marmeladeglas, das auf dem Gartentisch stand. In dem Moment kam die Oma aus dem Haus! Aber das Wölkchen verdeckte die Susi mit seinem Schatten, und die Oma hat überhaupt nichts gesehen. Die kleine Wolke kicherte und ließ sich weitertreiben …

„Ja, was ist denn das?" Im Kirschbaum, dem ganzen Stolz der Frau Knitterbeck, saßen drei Lausejungen und verspeisten eine Kirsche nach der anderen! Da empörte sich das Wölkchen und pumpte sich auf, und plötzlich fielen Regentropfen aus seinem Bäuchlein, mehr und immer mehr, und ein wahrer Platzregen trieb die pudelnassen Burschen vom Kirschbaum. „Ich kann regnen, ich kann regnen!", jubelte das Wölkchen, und der Wind trug es in den Himmel hinauf zur großen Mutter Wolke, die das kleine Wölkchen natürlich sehr lobte.

Erika Scheuering

Der unzufriedene Elefant

Ein unzufriedener Elefant kam eines Tages zum Zauberer Salabimba. Der konnte alles, was er mit seinem Zauberstab berührte, verzaubern. „Lieber Zauberer Salabimba", sprach der Elefant, „täglich muss ich ein so riesiges Gewicht mit mir herumschleppen. Verzaubere mich doch bitte in einen kleinen Hasen, damit ich es leichter habe."
Da berührte ihn der Zauberer mit seinem Stab, und sogleich war aus dem Elefanten ein Hase geworden. Glücklich hoppelte er über das Feld. Doch nach wenigen Tagen erschien er wieder beim Zauberer und beklagte sich: „Ständig hetzen die Hunde hinter mir her. Könntest du mich nicht selbst in einen Hund verzaubern?"
„Wie du es wünschst", antwortete der Zauberer, und im Augenblick war aus dem Hasen ein Hund geworden.
Aber kaum waren drei Tage vergangen, da klopfte dieser beim Zauberer an. „Solch ein Hundeleben ist auch nicht das Richtige", sprach er. „Ein Bauer griff mich auf und legte mich an die Kette. Zum Glück konnte ich mich bei einer passenden Gelegenheit davonmachen. Bitte verzaubere mich doch wieder in den alten Elefanten, der ich zu Anfang war."
Der mitleidige Zauberer Salabimba erfüllte auch diesen Wunsch. Wie glücklich war er nun, wieder der alte Elefant zu sein! Laut trompetend lief er umher. Und sein großes Gewicht schien er nicht mehr im Geringsten zu spüren.

Harry Timm

Als Uribert zum Waldfest flog

Im Kirchturm wohnte das Uhrenmännlein Uribert, das die große Kirchturmuhr überwachte. Weil die Uhr schon sehr alt war, musste das Männlein dem Zeiger jede Stunde einen Schubs geben. Dann ging sie wieder richtig.
Eines Abends kam Eulalia, die Eule aus dem Dorfwald, angeflattert: „Komm mit zu unserem Fest, so ein wichtiger Mann wie du darf nicht fehlen."
„Unmöglich", bedauerte das Uhrenmännlein, „Ich muss doch den Zeiger alle Stunden anschubsen." Eulalia beruhigte ihn: „Ich werde dich rechtzeitig heimbringen."
So setzte sich Uribert auf die Eule, und beide flogen zum Dorfwald.
Da war was los! Die Froschkapelle spielte, der Vogelchor sang, der Regenwurm tanzte mit dem Schmetterling, und der Igel mit dem Häschen. Die Blumenelfen schenkten süßen Honigwein aus, und der schmeckte dem Uribert! Pötzlich wurde er so müde, dass er unterm Fliegenpilz einschlief. Dort fand ihn die Eule und flog mit ihm in den Kirchturm zurück. Uribert war sofort munter, denn er dachte an seine Pflicht, und sang: „Jetzt geb ich schwips und schwups dem Zeiger einen Schubs…"
Und am anderen Morgen kamen alle Kinder eine Stunde zu spät in die Schule, weil Uribert zwei volle Stunden unterm Fliegenpilz geschlafen hatte. Aber der Lehrer hat nichts bemerkt. Seine Taschenuhr war nämlich auch nach der Kirchturmuhr eingestellt.

Erika Scheuering

Wo ist Opas Brille?

Babsi freut sich auf das Wochenende. Sie darf es bei Opa verbringen. Der Opa liest immer schöne, spannende Geschichten vor. Manchmal den ganzen Nachmittag. Das gefällt Babsi, sie hört dem Opa gerne zu.
Als sie aber diesmal bittet: „Opa, bitte, lies mir was vor", da sagt der Opa: „Das würde ich ja gerne tun, aber ich finde meine Brille nicht. Hilfst du mir suchen?"
„Aber ja", ruft Babsi und fängt gleich an. Im Sessel, unter der Couch, unter dem Teppich, im Wollkorb. Nichts! Keine Brille zu sehen.
„Wie soll sie denn in den Wollkorb kommen?", fragt Opa belustigt. „Ich stricke doch nicht!"
Die Brille liegt nicht im Bad, nicht auf dem Nachttisch, nicht neben der Zeitung. Babsi weiß, dass der Opa genau so gerne wie sie ab und zu ein Eis nascht, deshalb öffnet sie sogar das Gefrierfach, um nach der Brille zu suchen. Vergeblich. Sie ist nicht im Bett, nicht im Obstkorb, nicht auf dem Telefontischchen zu finden.
Nun guckt Babsi sich um und meint schließlich: „Fast überall habe ich geschaut, nur auf dem Küchenschrank noch nicht. Vielleicht hast du sie da hinaufgelegt!"
„Glaub ich nicht", brummt der Opa, „aber komm, ich heb dich hinauf."
Und dann findet Babsi die Brille. Aber – was meint ihr, wo? Auf Opas Kopf!

Sonja Keil

Das Eichhörnchen und die Froschkonzertprobe

Am Ufer des Waldsees grub das Eichhörnchen die Nüsse aus, die es im vergangenen Herbst dort versteckt hatte. Da hörte es plötzlich ein fürchterliches Gequake und sah ganz in der Nähe viele kleine Frösche im Gras sitzen, die munter drauflos quakten. „Aufhören mit dem grauslichen Gejaule", schrie es, „meine armen Nerven!" Ein dicker Frosch mit einem Stöckchen in der Hand schrie zurück: „So stören Sie uns doch nicht, Sie Nussknacker! Wir proben für das Frühjahrskonzert, und wenn Sie meine Künstler nochmals belästigen, werden Sie keine Freikarte von uns bekommen." „Au weh", lachte das Eichhörnchen und knackte eine Haselnuss auf.
Der Froschkapellmeister klopfte mit dem Stock ungeduldig gegen einen Stein und sprach: „Also, meine Herrschaften, das wundervolle Lied ‚Wasserfloh, du schmeckst mir so' bitte noch einmal von vorn. Quackquack, quaakquaak…" Und die Frösche fingen wieder an hingebungsvoll zu quaken. „Quiek", tönte es da dazwischen. „Wer war das?", grollte der Kapellmeister und ein winziges Fröschlein murmelte: „Ich kann mir den Text nicht merken."
„Das ist doch nicht so schwer", stöhnte der dicke Frosch und dirigierte von Neuem. Und mittendrin machte es wieder „quiek". „Jetzt war ich's aber nicht!", rief der kleine Frosch. „Es war das Eichhörnchen!" „Quiekquiek", kicherte es, flitzte einen Baumstamm hoch und feixte herunter: „Vergessen Sie meine Freikarte nicht! Aber bitte 1. Reihe, quiekquiek!", machte ein paar Sprünge und verschwand im Wald.

Erika Scheuering

Vom frechen Spätzchen Fridolin

Fridolin war das frechste von den Spatzenkindern unterm Dach. Als Erster hockte er am Nestrand und guckte neugierig in die Welt. „Mach, dass du ins Nest kommst", mahnte die Spatzenmama. Aber schon verlor er das Gleichgewicht und flatterte auf den Stein mitten im Löwenzahn. „Wie schön", staunte er, „hier bleibe ich." Er blieb natürlich nicht auf der Löwenzahnwiese. Mit jedem Tag konnte er besser fliegen, und bald flog er auf die höchsten Kamine. Am liebsten saß er auf dem Haus, wo die kleine Leni wohnte. Denn wenn er ein lustiges Liedchen zwitscherte, streute sie ihm feine Körner aufs Fensterbrett.

Die Sommerzeit verging. Eines Tages saßen zwei Schwalben auf dem Nachbardach und sprachen von einer weiten Reise. „Da flieg ich mit!", meinte Fridolin vorwitzig, aber die Schwalben lachten nur. Am anderen Morgen jedoch erlebten sie eine große Überraschung! Der Spatz kam angeflogen mit vielen, vielen bunten Blättern im Gefieder. „Ich hab mich für die Reise fein gemacht", sagte er, „Leni zieht auch ihr Blumenkleid an, wenn sie zur Tante Rosa fährt." Eine Schwalbe lachte: „Aber unsere Reise ist für kleine Spatzen viel zu gefährlich!"

„Ach so", überlegte der Spatz, „dann bleib ich vielleicht doch lieber hier bei der Leni." Na ja, so mutig war er nun auch wieder nicht, unser frecher Fridolin.

Erika Scheuering

Schlüsselblumen

Anne sitzt mit Tante Ingrid in der Sonne, und sie schauen über eine Wiese voller Schlüsselblumen. „Warum heißen denn die Blumen so?", fragt Anne.
„Ach, darüber gibt es viele Geschichten", meint die Tante. „Ich glaube, das ist so gewesen: Es war einmal ein armes Mädchen, das wohnte ganz allein in seinem Stübchen. Eines Tages sperrte es die Stube zu, steckte den Schlüssel in die Rocktasche und wollte in die Welt hinausgehen, um sein Glück zu finden. Aber am Abend war es nur bis zur sauren Sumpfwiese gekommen, da wurde es müde und schlief unter einer Weide ein. Dabei rutschte ihm der Schlüssel aus der Tasche.
Ein kleiner, übermütiger Kobold fand ihn und warf ihn weit in die Wiese hinein. Das sah die gute Nachtfee, und sie sprach einen Zauber.
Am anderen Morgen, als das Mädchen erwachte, war es von den schönsten, hellgelben Blumen umgeben. Es wunderte sich und pflückte einen Strauß davon; dann ging es weiter, und auf der Straße kam ihm ein Reiter entgegen. Dem schenkte das arme Mädchen die Schlüsselblumen. Und stell dir vor, das war ein Prinz! Ja, und weil ihm das freundliche Mädchen gefiel, hob er es auf sein Pferd und führte es auf sein Schloss als seine liebe Braut." „Das war ein schönes Märchen", seufzt Anne, „pflücken wir auch ein Sträußchen?" „Aber natürlich!", lacht Tante Ingrid. „Vielleicht begegnet uns auch ein Prinz, und wenn nicht, dann freut sich bestimmt der Onkel Heinz über die Schlüsselblumen."

Erika Scheuering

Die Geschichte von Klaus und Tine

Heute werde ich mit meiner Arbeit überhaupt nicht fertig", seufzte die Mutter, „räumt bitte eure Spielsachen auf!" Aber Klaus und Tine dachten nicht daran. Die Bausteine und der Teddy flogen durch das Zimmer, und das zerfetzte Bilderbuch lag neben dem Püppchen in der Ecke. Dann rannten die Kinder in den Garten und versteckten sich kichernd unter einem Baum.

Aber was sahen sie da? Eine Elfe saß auf einem Zweig. Sie hielt einen goldenen Faden in der Hand und neben ihr stand ein Körbchen voll goldener Perlen. Die Elfe sagte traurig: „Ihr macht mir großen Kummer. Ich bin euer guter Hausgeist, und immer wenn ihr etwas jemandem zuliebe tut, darf ich eine Perle auf den Faden reihen."

Da verging den Kindern das Lachen, denn es waren nur wenige Perlen aufgefädelt.

„Und wenn die Kette fertig ist?", wagte Klaus zu fragen.

„Dann darf ich wieder ins Elfenreich zurückkehren, aber das wird wohl noch lange dauern", antwortete sie verzagt.

Die Kinder sahen sich an, liefen ins Haus, und im Nu waren alle Spielsachen aufgeräumt. Und als die Mutter ins Zimmer kam, riefen sie: „Dürfen wir noch etwas helfen?"

„Ja, was ist denn mit euch los?", lachte die Mutter. Sie wusste natürlich nicht, dass sich draußen im Garten die Elfe gerade eine goldene Perle auf den goldenen Faden reihte.

Erika Scheuering

Zauberer unter sich

Jedes Jahr im Dezember treffen sich die fünf fliegenden Teppichzauberer auf der Insel Bella. Sie stellen sich gegenseitig ihre neuesten Kunststücke vor und wählen den Zauberkönig. Ihr Name kommt daher, dass sie in Teppiche eingerollt durch die Lüfte sausen. Nur der Kopf und die Füße schauen hervor.

Diesmal zaubert nach der Landung auf der Insel der Zauberer Hühnermeier für alle ein knuspriges Huhn. Während sie schmatzen, bemerkt Bimmi, dass eine Keule zu viel vor ihnen liegt. „Die ist für Bamsel!", sagt Hühnermeier. „Aber wo ist er eigentlich?"

Da grinst der kleine Zauberer Mann-O-Mann und zeigt in den Abendhimmel. „Dort fliegt er! Er kann aber nicht landen, weil ich ihn verzaubert habe!"

„Sofort lässt du ihn herunter!", schimpft Hühnermeier. „Sein Essen wird kalt!"

Mann-O-Mann rollt seine Augen und zittert mit dem rechten Arm. Der eingerollte Teppich fliegt herab.

Er landet in der Mitte der Versammlung und entrollt sich. Aber Bamsel ist nicht darin. Stattdessen entdecken sie einen Zettel, auf dem geschrieben steht: „Ich kann zaubern, dass der eingerollte Teppich auch ohne mich fliegt!"

Da müssen alle Zauberer lachen. Sie beschließen: „Bamsel ist in diesem Jahr Zauberkönig!"

Horst H. Jork

Gefahr für den Gartenzwerg

Viele Jahre stand der Gartenzwerg aus Ton an der gleichen Stelle unter der hohen Birke. Immer wenn die ersten Schneeglöckchen blühten, wurde er vom Speicher geholt und ins Freie befördert. Dem Zwerg gefiel es hier an seinem Stammplatz. Doch irgend etwas war anders als sonst. Der Zwerg spürte das ganz genau, es dauerte aber einige Zwergenminuten, bis er dahinterkam, was nicht stimmte. „Richtig", brummte er dann, „jetzt hab ich's! Mein Stammplatz ist genau zwei Zwergenfußlängen weiter rechts! Ich stehe falsch – o wei! Das bringt sicher Unglück!"
Da begann es auch schon mit einem Mal unter dem Zwerg zu bohren, zu rumoren, zu schieben und zu drücken. Er konnte sich kaum mehr auf seinen kurzen Beinchen halten. „Ein Zwergenuntier, Hilfe! Ein Zwergenerdbeben!", rief er.
Das Poltern verstärkte sich, der Zwerg bekam einen gewaltigen Stoß und – lag auf der Nase. Aus dem Boden aber lugten die grünen Blattspitzen einer Osterglocke. „Huch, das war ein schweres Stück Arbeit", tönte es aus der Zwiebel unter der Erde, „aber nun habe ich es doch geschafft!"
Der Gartenzwerg wurde noch am selben Tag wieder auf die Beine gestellt und an seinen alten Platz gerückt, doch auf seiner Nase hat er seitdem eine kleine Schramme.

Sonja Keil

Hoppelpoppel ist weg

Opa geht mit Nina und Peter am Bach spazieren. Die Kinder freuen sich über jedes Frühlingsblümchen, das sie sehen, und Nina entdeckt einen Strauch voller Weidenkätzchen. „Nehmen wir ein paar für Mutti mit?", fragt sie, aber Opa schüttelt den Kopf: „Nein, die darf man nicht abbrechen; der Blütenstaub ist eine wichtige Nahrung für die Bienen." Da bleibt Peter plötzlich stehen und flüstert: „Dort drüben sitzt ein Hase." Auf der anderen Bachseite kauert ein Häschen und knabbert an den zarten Grashalmen. „Ach du lieber Himmel, der erinnert mich an was!", ruft Opa. „Ich muss heute noch den Kaninchenstall reparieren."

Als sie nach Hause kommen, schauen sie sofort nach den Kaninchen. „Der Hoppelpoppel ist weg!", schreit Peter. Tatsächlich: Sein Ställchen ist leer und in der Maschendrahttür klafft ein großes Loch. Opa schlägt die Hände zusammen: „Hätte ich sie nur schon gestern geflickt!" Sie rufen und suchen, aber Hoppelpoppel ist verschwunden. „Hoffentlich ist er nicht im Bach ertrunken", ängstigt sich Nina. In dem Moment kommt Frau Fischer, die Nachbarin, an den Gartenzaun und lacht: „In meinem Frühbeet sitzt ein schwarzes Ungeheuer und frisst meine ganze Petersilie auf." – „Der Hoppelpoppel!", rufen die Kinder voll Freude und holen ihr Kaninchen nach Hause. „Jetzt repariere ich aber gleich die Stalltür", meint Opa, „und passt bitte so lange auf den Hoppelpoppel auf." „Wir haben ihn noch nie ausreißen lassen, Opa", stellt Peter fest.

Erika Scheuering

Vom Jungen, der sich nicht die Zähne putzen wollte

Es war einmal ein kleiner Junge, der hieß Michael. Dieser Junge hatte gar keine Lust, sich die Zähne zu putzen, und er dachte bei sich: „Wozu soll ich mir meine Zähne putzen? Ich werde ganz bestimmt keine Zahnschmerzen bekommen, und schlecht werden meine Zähne schon gar nicht!" Und immer wenn seine Mutter ihn fragte: „Michael, hast du dir auch die Zähne geputzt?", flunkerte er sie an und erwiderte: „Ja, Mutti, meine Zähne sind blitzsauber!" Eine ganze Weile ging das auch gut. Aber eines Nachts hatte der kleine Michael einen aufregenden Traum. Alle seine Zähne jammerten und weinten:

„Putz uns doch, putz uns doch, wir verfaulen und fallen heraus!
Putz uns doch, putz uns doch, sonst ist es bald mit uns aus!"

Und sie wackelten und klapperten in seinem Mund, dass ihm ganz elend wurde. Als Michael am nächsten Morgen erwachte, lief er sofort zum Spiegel und schaute nach, ob seine Zähne noch alle da waren.

Und dann stellte er sich vor, wie es wäre, wenn sie tatsächlich verfaulen würden: Er könnte nur noch Brei essen! Nie mehr in einen Apfel beißen! Keinen Kaugummi mehr kauen! Das musste ja furchtbar sein! Nein, das wollte der kleine Michael nun doch nicht! Er nahm sich vor, seine Zähne von nun an immer gründlich zu putzen. Und er pflegte sie so fleißig, dass sie in seinem Mund nur so blitzten und blinkten!

Regina Meyer-Naujoks

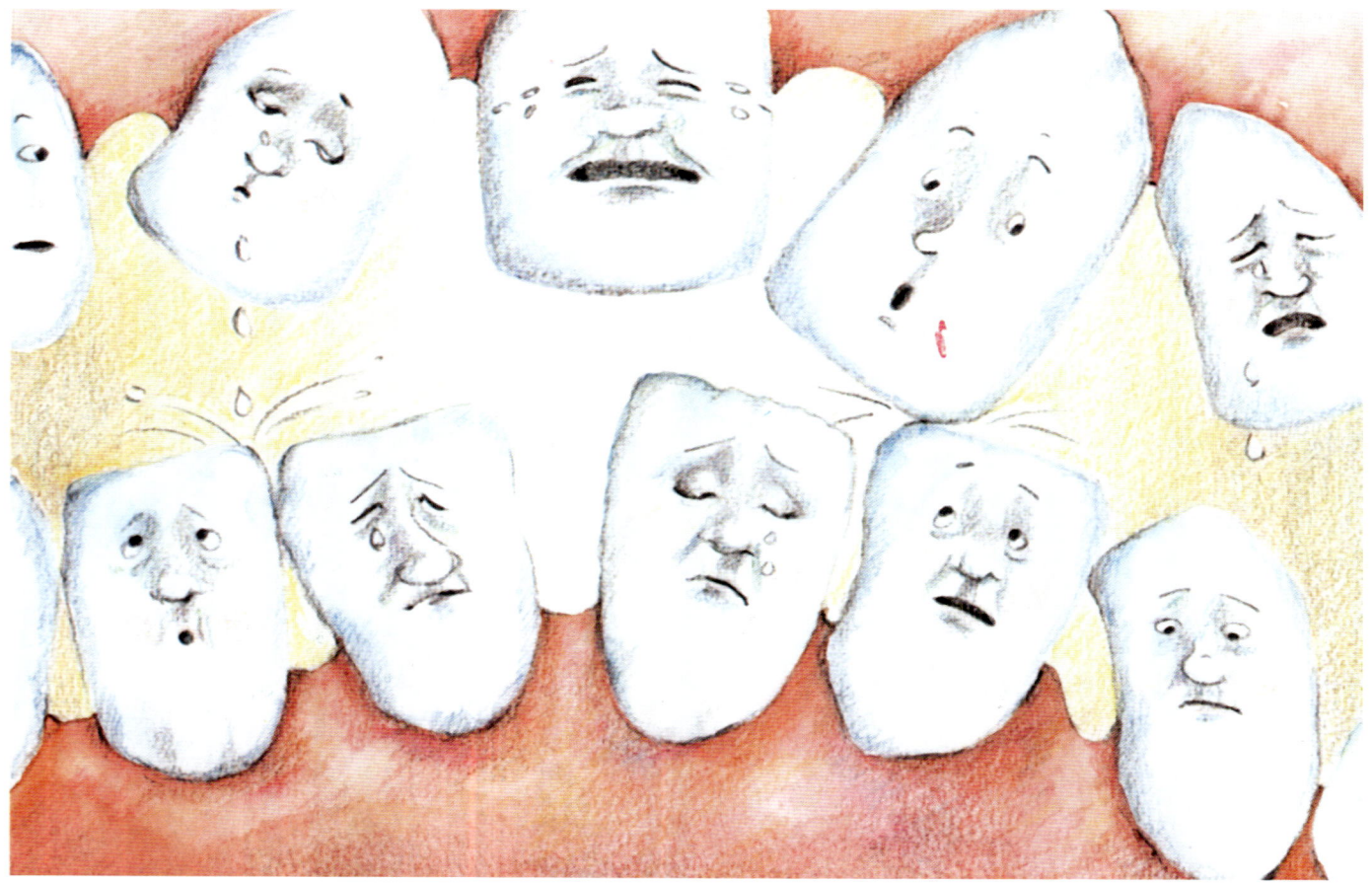

Die Geschichte vom dicken Maikäfer Brummi

Der dicke Maikäfer Brummi sah einem Zitronenfalter zu, der ein Plakat an einen Glockenblumenstängel heftete. „Großes Tanzvergnügen auf der Brennnesselwiese", las er und fragte interessiert: „Darf ich da auch hin?" – „Nein, nein, nur für Schmetterlinge", wehrte der Falter ab und flog weiter. „Eingebildeter Flatterheini", brummte Brummi, „so wie der kann ich schon lange tanzen." Und er schwirrte zur Schneiderin, der Frau Grille mit der Brille. „Würdest du mir bitte ein Paar Schmetterlingsflügel nähen?" Frau Grille guckte über die Brille: „Na, du hast ulkige Ideen!", und kramte schillernde Spinnwebenseide hervor, nähte die Flügel und befestigte sie kopfschüttelnd an Brummis Rücken. „Jetzt kannst du im Ballett auftreten", spottete sie, aber der Käfer war schon unterwegs zur Brennnesselwiese. Dort schwebten unzählige bunte Schmetterlinge im Sonnenlicht und wiegten sich zu einer Melodie, die der Heuschreck auf der Flöte spielte. Und da hinein platzte der dicke Brrummi! Die Falter flatterten erschreckt auseinander, der Heuschreck machte einen Riesensatz, und Brummi drehte sich vergnügt im Kreise. Aber er dachte nicht an die großen Flügel und blieb an einer Brennnessel hängen, unter der das kalte Buffet aufgebaut war. Erst machte es „ratsch" und dann „platsch", und der Käfer lag auf seinem Rücken mitten in der Blattschüssel voll Blütenhonig! Er zappelte verzweifelt, und zwei Falter zogen ihn heraus und kicherten: „Jaja, so geht's den tollen Tänzern, die hier nichts verloren haben."

Erika Scheuering

Das vorwitzige Gänseblümchen

Ein kleines Gänseblümchen erwachte eines Tages aus seinem Winterschlaf und wollte nun ganz schnell die liebe Sonne begrüßen.
Es strengte sich mächtig an, und bald guckten seine zarten Blättchen aus der Erde heraus. Doch nun erschrak es gewaltig. Es war eiskalt und weit und breit keine Sonne zu sehen. Da fing das kleine Ding bitterlich zu weinen an. „Oh, ich habe mich geirrt, es ist noch mitten im Winter! Aber zurück kann ich auch nicht mehr."
Ein kleines Mädchen kam angelaufen und entdeckte unser Gänseblümchen. „Ach, du Armes, du musst ja hier draußen erfrieren", sagte es. Dann grub es mit den Händen das arme Blümchen vorsichtig aus der Erde und stellte es zu Hause auf die warme Fensterbank.
Da war unser Gänseblümchen sehr glücklich und wollte dem Mädchen eine Freude bereiten. Es strengte sich ganz furchtbar an, um schnell zu wachsen. Vor lauter Anstrengung bekam es feine rote Streifen auf seinen weißen Blütenblättchen. Als das Mädchen das sah, rief es glücklich: „Du bist ja tausendmal schöner als alle anderen Blumen!" So erhielt das Gänseblümchen seinen Namen „Tausendschönchen".
Und wenn ihr im Frühjahr aufmerksam über die Wiesen schaut, dann werdet ihr hin und wieder Gänseblümchen mit feinen roten Streifen sehen. Das sind alles Kinder von unserem fast erfrorenen Gänseblümchen.

Renate Billigmann

Das blaue Band

Der Zwerg Zwick stand am Waschtrog und wusch das blaue Band des Frühlings, das vom Winter ganz grau geworden war. Der Frühling braucht es zum Wolkenvertreiben und macht damit den Himmel blau. Zwick hängte es zum Trocknen auf, aber der starke Nordwind blies es von der Leine. „Du liebe Zipfelmütze", klagte Zwick, „hätte ich nur eine Wäscheklammer genommen!"
Der Nordwind wollte es wieder einfangen, doch es wirbelte davon, und als es über das Eiskristallschloss der Schneekönigin flog, ging dem Wind die Puste aus. Das Band drehte sich im Kreise abwärts und fiel auf den dicken Bauch des schlafenden Schneemannes, der im Schlosshof Wache halten sollte. „Potz Himbeereis!", wunderte er sich, und als er das Band anfasste, fingen seine Hände an zu schmelzen. Er krabbelte in die Höhe, watschelte zur Schneekönigin und legte es ihr in den Schoß, auf ihr bestes Eissternenkleid. „Haben dich die eisigen Winde verlassen!", schrie sie. „Das ist das blaue Band des Frühlings, das Schnee und Eis zum Schmelzen bringt! Lass es auf die höchste Turmspitze spießen."
Dort sah es der Südwind. Er blies es sanft vom Turm und hin zu Zwerg Zwick. „Allerhöchste Eisenbahn", freute sich Zwick, „denn morgen ist Frühlingsanfang!"
Und in seinen langen Bart murmelte er: „Aber das nächste Mal nehme ich bestimmt eine Wäscheklammer."

Erika Scheuering

Bärli und Brummi

An einem wunderschönen Sommernachmittag sah man wieder einmal Brummi, das kleine braune Bärenkind, an dem einen Ende und Bärli an dem anderen Ende der Wiese spielen. Bärli war ein außergewöhnliches Bärchen – es war rosa.
Die beiden hatte noch nie zusammen gespielt, denn keiner wagte es, den anderen anzusprechen.
Da kam der schlaue Fuchs des Weges. Erst traf er Brummi, dann Bärli. Beide erzählten ihm, sie würden nicht miteinander spielen, weil der andere noch nie gefragt hätte.
So konnte das nicht weitergehen! Der Fuchs setzte sich unter einen großen Lindenbaum und grübelte. Da hatte er auch schon die rettende Idee!
Er lief zu Bärli und sagte, dass Brummi ihn in zehn Minuten in der Mitte der Wiese, an dem großen, grauen Felsen, sprechen möchte. Und Brummi erzählte er, Bärli wollte ihn sprechen. So trafen sich beide Bärenkinder am Felsen. Bärli sagte zu Brummi: „Du willst mich sprechen?"
Und Brummi zu Bärli: „Ich denke, du mich!"
Sie merkten sehr schnell, dass der schlaue Fuchs sie mit dieser List zusammengeführt hatte. Seitdem spielen beide jeden Tag miteinander die schönsten Spiele – und keiner ist mehr einsam.

Sylvia Lamenta

Vom aufgeblasenen Pfannkuchen

Es war einmal ein winzig kleiner Kobold, der hieß Blasi, weil er sich ganz groß aufblasen konnte. Einmal saß Blasi auf der Zuckerdose in der Küche von Frau Powidel, die gerade Pfannkuchen buk. Das war spannend! Und wie das duftete! Frau Powidel tat jetzt wieder einen Löffel Teig in die Pfanne, dass es nur so zischte. Dann drehte sie den Pfannkuchen um, und da klingelte es an der Tür.
„Wer ist denn das schon wieder?", rief sie ärgerlich. Es war Frau Tratsch, die den lieben, langen Tag tratschte und alles von allen Leuten wusste. „Wissen sie schon das Neueste, Frau Powidel…", fing sie an, und schon stand sie mitten in der Küche. „Oh, diese feinen Pfannkuchen, die muss ich unbedingt kosten…" Aber weiter kam sie nicht, denn Blasi rutschte von der Zuckerdose herunter, kroch in einen Pfannkuchen hinein und … blies sich auf. Der aufgeblasene Pfannkuchen flog auf die kunstvolle Lockenfrisur der Frau Nachbarin. „Pffft" ließ Blasi die Luft heraus, dann machte es „platsch", und Frau Tratsch hatte ihren Pfannkuchen am Kopf kleben. Laut schreiend lief sie davon, und die Leute auf der Straße lachten sie aus. Auch Frau Powidel lachte. Sie vergaß beinahe das ganze Pfannkuchenbacken und konnte sich den Spuk wirklich nicht erklären. Unser Blasi aber saß schon längst wieder auf der Zuckerdose und baumelte mit den Beinen.

Erika Scheuering

Die drei Hutzelmänner

Es waren einmal drei Hutzelmänner, die lebten den kalten Winter über tief unter der Erde in einer Baumwurzelhöhle. Jeden Tag sahen sie sehnsüchtig auf ihren Kalender und warteten auf den Frühling. Endlich war es soweit! Der Winter war vorüber! Sie holten ihre schönsten Kleider hervor, machten sich fein und kletterten zur Erdoberfläche hinauf. „Oh, wie herrlich warm es in der Frühlingssonne ist!", jubelte der erste Hutzelmann. „Und wie schön die Vögel singen!", rief der andere. „Seht euch doch nur diese Blumen und das frische Grün der jungen Blätter an", freute sich der dritte.

Sie fassten sich bei den Händen und tanzten durch den Wald. Fröhlich begrüßten sie jeden Käfer und jeden Schmetterling, der ihnen begegnete. Sie waren nicht lange unterwegs, da trafen sie Frau Eichhorn, die die Hutzelmänner gleich zu sich nach Hause einlud. Die drei ließen sich nicht lange bitten. Schon sah man sie auf einen riesigen Baum klettern, in dessen Krone Frau Eichhorn ihr Kugelnest gebaut hatte. Und kaum waren sie ins Nest gekrochen, wurden sie von fünf kleinen Eichhörnchen umringt. Sie wollten gleich mit ihnen spielen. „Das ist ja wunderbar", sagte der eine Hutzelmann, „Familie Eichhorn hat Nachwuchs bekommen."

„Ja, ja", meinte der älteste Hutzelmann augenzwinkernd, „im Frühling gibt es nicht nur neue Blumen und Blätter, er beschert uns auch viele Tierkinder!"

Regina Meyer-Naujoks

Das seltsame Ding im Zwergenwald

Onkel Riesengroß hatte dem Riesenmädchen Grandolina einen braunen Hut mit Sternen mitgebracht. „Den setz ich gleich auf und geh spazieren", sagte es. – „Nicht bei dem Sturm!", rief der Onkel. Aber das leichtsinnige Mädchen lief hinaus, und der Sturmwind wehte den neuen Hut über die Bäume hinweg bis zum Zwergenwald. Und er schwebte ausgerechnet dorthin, wo Pitz und Plitz mit ihrem Hündchen Minimops im Grase saßen.

„Was ist denn das?", riefen sie erschrocken und krabbelten unter dem Hut hervor. Staunend standen sie um das seltsame Ding herum und rätselten. „Eine fliegende Untertasse", überlegte Pitz. „Quatsch", erwiderte Plitz, „eine feine Kutsche ist das, und Minimops soll uns ziehen."

„Nein, nein", bellte der kleine Hund, „das ist ein Schiff, und ich bin der Kapitän." Und so schleiften sie den Hut zum Bach und sprangen hinein. Das lustige Schifflein hüpfte über die Wellen den Bach hinunter, und die drei jauchzten vor Vergnügen. „Herr Kapitän! Ein Stein!", schrie Plitz. Zu spät! Schon lagen sie im Wasser und retteten sich lachend ans Ufer. Der Hut schwamm weiter und blieb an einem Strauch hängen, wo ihn Grandolina wiederfand. „Mein neuer Sternenhut!", heulte sie und fischte ihn heraus. Zu Hause hat ihn Onkel Riesengroß wieder zurechtgebogen, aber er hat ganz schön geschimpft dabei.

Erika Scheuering

Ein Ball sucht einen Freund

Eines Tages hatte der kleine rote Ball keine Lust mehr, mit Katrin zu spielen, und hüpfte einfach davon. „Oh, wie schön ist das!", rief er, und rollte über Wiesen, sprang über Steine und Äste, hopste in einen Bach und ließ sich im Wasser treiben. Bald aber merkte er, dass ihm ein Freund fehlte. Da sah er eine Pflaume im Gras liegen und fragte sie: „Willst du mein Freund sein?"
„O nein", antwortete die Pflaume, „ich will lieber in der Sonne liegen und mich wärmen." Der Ball rollte weiter und kam zu einem roten Apfel. „Du bist so rot und rund wie ich, spielst du mit mir?"
„Nein", lachte der Apfel, „wenn ich rolle, bekomme ich Druckstellen, dann faule ich bald." Kurz darauf entdeckte er einen Tannenzapfen an einer Tanne. „Komm herunter und spiel doch mit mir", sagte der Ball zu ihm.
„Nein, nein, da unten werde ich nur zertreten", wehrte der Tannenzapfen ab.
Das hatte der kleine Timo gehört und lief herbei: „Hallo Ball, ich will dein Freund sein", rief er. Da sprang der Ball vor Freude hoch in die Luft. Abends durfte er neben Timos Bett schlafen. „Kinder sind doch die besten Freunde", dachte der Ball und schlief zufrieden ein.

Angelika Timm

Von der Tanzmaus Mitzi

Die kleine Maus Mitzi träumte davon, eine große Tänzerin zu werden. „Bitte, Papa", bettelte sie, „schenk mir doch zu meinem Geburtstag ein Paar Tanzschuhe." Und so bekam sie zierliche rosa Schühchen mit rosa Bändern, mit denen man sogar auf Mäusepfotenspitzen tanzen konnte.

Mitzi wirbelte durch den Keller, was recht ungewöhnlich ist für eine Maus und auch die anderen Mäuse verwunderte. Aber die Tanzmaus tanzte und drehte sich, sprang graziös auf die Kellertreppe und sah – o Schreck! – in die funkelnden Augen des Katers Muck. Blitzschnell rettete sich Mitzi auf das Kellerregal, wo ausgerechnet die Mausefalle stand. Und darin verfingen sich die rosa Bänder ihrer Tanzschuhe. Mitzi zog und zappelte, aber sie konnte nicht loskommen. Was machte da der Kater Muck? Der trollte sich gelangweilt aus dem Keller, denn eine Maus, die Ballett tanzt, fand er viel zu albern.

„Mama, Mama!", piepste die Tanzmaus ängstlich, und die Mäusemama befreite sie aus der schlimmen Lage. „Tanzen ist viel zu gefährlich", sah Mitzi ein und zog ihre Schuhe aus. „Ich werde lieber Sängerin", meinte sie und sang das Lied vom riesengroßen Käse.

Und wenn ihr einmal ein Mäuschen das Riesen-Käse-Lied singen hört, das ist dann die Mitzi, aus der eine berühmte Mäusesängerin geworden ist.

Erika Scheuering

Die Zauberwiese

Wenn Stefan aus seinem Fenster schaut, dann sieht er eine große Wiese. Und hinter dieser Wiese noch eine und daneben noch eine. „Nur Gras, nichts weiter", sagt er. Doch eines Morgens ist die Wiese verzaubert. Sie leuchtet und strahlt so golden wie die Sonne. „Kommt mal alle her und schaut euch das an", ruft Stefan durchs Haus, „eine Märchenwiese, eine Wiese aus Gold!" Lisa, seine Schwester, meint: „Das blendet ja richtig!" Auch die Mama staunt. Vor Stefans Fenster ist ein wunderschöner Löwenzahnteppich ausgebreitet. Mama möchte sich am liebsten drauflegen. „Aber besser nicht", sagt Mama, „sonst zerdrücke ich ja die schönen goldenen Blumen!" Stefan schaut nun jeden Tag nach seiner Zauberwiese. Er sieht, dass viele Leute bei ihrem Spaziergang stehen bleiben und die Wiese bestaunen. Und Stefan ist richtig stolz darauf, dass er als Erster die goldene Wiese entdeckt hat.

Nach einiger Zeit bemerkt Stefan, dass sich die Wiese nochmals verwandelt. Aus den gelben Löwenzahnblüten werden weiße Bällchen, zart wie Seifenblasen. Stefan und Lisa pusten in die Bällchen hinein. Da fliegen unzählige winzige Schirmchen flaumig leicht durch die Luft. Und überall, wo sie auf der Erde landen, leuchtet im nächsten Jahr wieder der goldene Löwenzahn. Bestimmt auch vor deinem Fenster!

Sonja Keil

Das Katzenkonzert

Wenn der Winter gegangen ist und die Frühlingssonne ihre wärmenden Strahlen zur Erde schickt, beginnt für die Katzen eine aufregende Zeit: Im Frühling nämlich sind alle ganz schrecklich verliebt. Und wenn sie verliebt sind, müssen sie einfach singen. So kam es, dass die Katze zum Kater sagte: „Heute Nacht wollen wir auf dem Marktplatz ein großes Katzenkonzert geben. Sag allen, dass sie kommen sollen."
Das ließ sich der Kater nicht zweimal sagen. Er rannte los.
War das für alle eine frohe Nachricht! Als es Nacht wurde, hatten sich nicht weniger als fünfzig Katzen auf dem Marktplatz eingefunden. Weil es so schön festlich aussehen sollte, warteten sie erst noch, bis der Mond leuchtend hell am Himmel stand. Dann begannen sie aus voller Kehle zu singen. Oh, wie war das schaurig-schön anzuhören!
Jeder versuchte, den anderen zu übertönen.
Da wurde es plötzlich in den Häusern, die rund um den Marktplatz standen, lebendig. Die Menschen rissen die Fester auf und schrien: „Ruhe! Ruhe! Dieses Gejammer ist ja nicht auszuhalten! Wir wollen schlafen!"
Die Katzen aber dachten, die Leute schimpfen, weil sie noch nicht gut genug singen. Also wollten sie ihr Bestes geben und sangen gleich nochmal so laut.
Und daran hat sich bis heute nichts geändert: Je mehr die Menschen schimpfen, umso lauter singen die Katzen.

Regina Meyer-Naujoks

Die Butterblümchen und der Mann

Auf einer großen Wiese standen fünf gelbe Butterblümchen, drei kleine und zwei große. Die drei kleinen Butterblümchen in der Mitte, Mutter Butterblümchen stand links und Vater Butterblümchen rechts. Im schönsten Gelb wollten die drei kleinen Blümchen strahlen.

Da sagten Mutter und Vater: „Es ist für Blumen sehr gefährlich, zu schön zu sein. Wenn Menschen kommen und sie sehen, werden die Blumen gepflückt und in eine Vase gestellt. Dort welken sie dann schnell."

Aber die Kinder wollten nicht auf die Eltern hören und wurden immer schöner. Nach ein paar Tagen ging auf der Wiese, auf der die fünf Butterblümchen standen, ein Mann spazieren. Als er die drei kleinen Butterblümchen sah, sprach er: „Oh, sind die aber hübsch! Ich werde sie pflücken und meiner Frau und meinen Kindern mitbringen. Sie werden sich bestimmt freuen."

Da bekamen die Blumenkinder große Angst und riefen: „Bitte, bitte, nicht pflücken und in die Vase stellen! Wir verwelken dann ganz schnell! Grab uns lieber mit der Wurzel aus und pflanze uns bei dir daheim wieder in die Erde. Wir können dann viel länger blühen." Das sah der Mann ein, grub die Blümchen aus und pflanzte sie daheim wieder ein. Familie Butterblümchen fühlte sich in ihrer neuen Umgebung sehr wohl.

Gabriele Gabrysch

Teddy ist hungrig

Immer wenn in dem großen Kaufhaus die Lichter verlöschen, mitten in der Nacht, bekommt der blaue Plüschteddy Appetit. Er ruft: „Auf, Kameraden!", und trabt voran durch die dunklen Gänge die vielen Stufen hinunter.

Seine Freunde haben schon auf das Kommando gewartet. Auch sie sind hungrig wie der Bär und folgen ihm gern. Sie wissen, dass der Teddy eine Spürnase für Leckerbissen hat. Leise wie die Mäuschen schleichen sie sich in die Lebensmittelabteilung. Dann lassen es sich alle schmecken.

Der Teddy schleckt ein großes Glas von dem süßen Honig leer. Manchmal trinkt er auch von dem leckeren Honigwein.

Der rosa Babyhase knabbert genüsslich die frischen Karotten, das mollige Eichhörnchen lässt sich die Nüsse schmecken. Ritsch-ratsch! macht es, wenn der braune Affe seine Bananen schält. Der watschelnde Pinguin braucht die Hilfe vom blauen Teddy. Allein schafft er es nicht, das Heringsglas zu öffnen.

Wenn alle satt sind, trotten sie zufrieden zurück auf ihren Platz im Spielwarenregal. Und es ist wirklich merkwürdig, die Verkäufer merken nichts davon. Nur manchmal, wenn der Tedy etwas zu viel von dem Honigwein getrunken hat, dann wird er so müde, dass er sich hinlegen muss. Darüber wundern sich die Verkäufer schon ein bisschen.

Sonja Keil

Frühjahrsputz bei Mäuserichs

„Raus aus den Federn, der Winter ist vorbei!" Frau Waldmaus öffnete die Fensterläden. Der Mäuserich gähnte: „Wenn wir auch keinen Winterschlaf halten, ist's im Bett doch so gemütlich." – „Nichts da!", sagte die Mäusemutter energisch. Jetzt wird sauber gemacht und alle helfen mit." Da war nichts zu machen. Herr und Frau Waldmaus und die Waldmauskinderlein trugen Tisch und Stühle und Bettchen vor ihr Wurzelhäuschen und wuschen und schrubbten und staubten ab. „Wo ist denn der Max?" Die Mäusemutter stemmte die Hände in die Hüften: „Na warte!" Der faule Mäusesohn Max schnarchte, versteckt unter einer Wurzel, in seinem warmen Bett. Mit einem dicken Wollschal um den Hals und einer Pudelmütze auf dem Kopf. Sie schüttelten und rüttelten ihn, aber er wachte nicht auf. „Wir tragen ihn mit dem Bett vors Haus", entschied der Mäusevater. „Ich glaube, ich fliege", murmelte da der Max, drehte sich auf die andere Seite und schlief weiter. „Dir helfen wir", piepsten seine Geschwister, krabbelten auf sein Bett, knabberten an seinem Schal und seiner Pudelmütze und zogen an den Fäden und trennten sie auf. Max blinzelte: „Brrr, ist das kalt."
„Dir wird's gleich warm werden", lachte die Mäusemutter, „du darfst nämlich die Fenster putzen, und wenn wir alle fertig sind, dann gibt's ein tolles Festessen."
„Festessen?", rief Max. Na, so schnell ist er noch nie aus seinem Bett gesprungen!

Erika Scheuering

Wotan, der Riese

Es war einmal ein guter Riese. Er hieß Wotan und lebte in einer dunklen Höhle. Er war so groß und hässlich, dass Menschen und Tiere davonliefen, wenn sie ihn erblickten. Und weil Wotan darum sehr einsam war, wünschte er sich nichts sehnlicher, als so zu sein wie die Menschen. Davon erfuhr eine gute Fee. Sie hatte Mitleid mit dem Riesen und erschien ihm im Traum. „Hör zu, Wotan", sprach sie, „du musst ein Mädchen finden, das dich ohne Angst küsst. Dann wirst du in einen Menschen verwandelt."

Als Wotan erwachte, war er noch trauriger als vorher. Denn wo sollte er ein Mädchen finden, das keine Angst vor ihm hatte? „Ich muss also für immer ein einsamer, hässlicher Riese bleiben", seufzte er. Er setzte sich auf einen Stein und begann so sehr zu weinen, dass aus seinen vielen Tränen ein großer Fluss entstand. „Hilfe, Hilfe, ich ertrinke!", rief plötzlich jemand in höchster Not. Wotan lief sofort los. Schon sah er einen goldenen Haarschopf im Wasser aufleuchten, griff zu und rettete ein wunderschönes Mädchen aus den Fluten. Es schlug die Augen auf und küsste Wotan voller Dankbarkeit.

Da begann auf einmal ein Donnern, dass man meinte, die Welt ginge unter. Und als endlich wieder Stille eintrat, war aus dem Riesen ein hübscher Jüngling geworden. Glücklich fielen sich Wotan und das Mädchen in die Arme und lebten zufrieden bis an ihr Ende.

Regina Meyer-Naujoks

Schwein gehabt

Die große braune Stalltür stand offen. „Jetzt", grunzte das rosarote Schwein, „jetzt ist die Gelegenheit günstig." Dann flitzte es, so schnell es auf seinen kurzen Beinen konnte, hinaus auf den Hof und weiter auf den Feldweg.

Das Schwein hatte beschlossen davonzulaufen. „Immer höre ich die Leute nur sagen: dummes Schwein, dreckiges Schwein, nie etwas anderes, etwas Schönes. Deshalb will ich weg." Das Schwein bemerkte nicht, dass die Kühe auf der Weide große Augen machten. Sie waren ganz verdutzt. So hatten sie das Schwein noch nie rennen sehen.

„Wo willst du hin?", muhten sie laut. „Bleib hier! Du gehörst doch zu uns!" Aber das Schwein wetzte schon weiter.

Auf den Feldern arbeiteten Leute. Als sie das Schwein erblickten, riefen sie: „Seht mal, ein Schwein, ein leibhaftiges Schwein! Na, wenn das kein Glück bringt!" Nanu, stutzte das Schwein, das klingt ja so, als wäre ich ein Glücksbringer! Das ist natürlich etwas anderes. Wenn das stimmt, dann könnte ich noch mal umkehren.

Da kam auch der Bauer angerannt: „Ein Glück, da ist ja unser Schwein!"

„Na, da haben wir ja noch mal Schwein gehabt", sagte die Bäuerin.

Nun war das Schwein davon überzeugt, dass es gebraucht wurde. Zufrieden lief es in den Stall

Sonja Keil

Der Gänseblümchenhut

Die Wiesenfee Margarita hatte ihren eleganten Hutsalon unter einem großen Maiglöckchenblatt und entwarf die entzückendsten Modelle. Denn wenn eine Wichtelfrau etwas auf sich hält, lässt sie sich im Frühling einen neuen Hut machen. Sie trägt ja sonst immer die rote Zipfelmütze!

Im Häuschen am Zapfenweg Nr. 5 seufzte die Wichtelmutter und vertiefte sich noch mehr in ihr Strickzeug. „Was ist denn?", fragte der Wichtelvater. „Ach, nichts", sagte sie, „das heißt, ich hätte halt auch gern mal einen Frühjahrshut."

„Na, wenn's weiter nichts ist", lachte der Wichtel, „hol dir einen Silbertaler aus der Truhe und lass dir einen feschen Hut machen."

Am anderen Tag saß die Wichtelmutter im Hutsalon, und die Wiesenfee Margarita zeigte ihr die verrücktesten Hüte, die gerade in Mode waren. Mit zarten Federchen und feinen Gräsern und bunten Blüten geschmückt. „Ich glaube", sprach sie, „das Modell mit den Gänseblümchen passt am besten zu Ihnen." Und genau den Hut kaufte die Wichtelmutter. Zu Hause lachten der Vater und die Kinder und meinten: „Wir müssen uns erst daran gewöhnen." – Am Abend legte die Wichtelmutter ihren neuen Hut vor das Haus ins feuchte Gras, denn die Wiesenfee hatte gesagt, so würde er länger halten. Und am anderen Morgen? Kein Hut war mehr zu sehen. Die Ziege vom Bauern Haberkorn hatte ihn aufgefressen! „Ach, das macht nichts", tröstete sich die Wichtelmutter, „meine Zipfelmütze ist mir sowieso lieber."

Erika Scheuering

Der arme Balduin

Balduin sitzt im Gefängnis. Er weiß nicht, wie lange schon. Und er weiß auch nicht, warum. Er hat nichts angestellt, hat nichts verbrochen.

Seit Irgendwer daherkam und Balduin einsperrte. Einfach so, weil es dem Irgendwer gefiel. Balduin hat dagegen protestiert, so laut er konnte. Er hat sich gewehrt. Er hat gefleht: „Bitte, lass mich los, sperr mich nicht ein!" Es hat nichts genützt. Irgendwer ließ sich nicht erweichen. Stockdunkel ist es in dem Gefängnis, und das Kastanienblatt schmeckt Balduin auch nicht. Er will nichts essen, er will nur raus.

Das Einzige, was Balduin im Gefängnis erfahren hat, ist sein Name. Irgendwer nennt ihn immer Balduin. Aber Balduin will keinen Namen, er will seine Freiheit. Balduin jammert: „Warum sperrst du mich ein? Lass mich doch bitte wieder raus, ich brauche Luft und Sonne. Hier drinnen gefällt es mir überhaupt nicht." Doch Irendwer versteht den Balduin nicht. Oder vielleicht doch?

Plötzlich öffnet sich das Gefängnis. Balduin spürt die warme Sonne auf seinem Rücken, und er riecht die grünen frischen Blätter. Da spreizt er seine Flügel, und schon ist der Maikäfer auf und davon. Und seinen Namen, den hat er ganz schnell wieder vergessen.

Sonja Keil

Claudia, die kleine Gärtnerin

Claudia wohnt mit ihren Eltern mitten in der Stadt. In diesem Jahr darf sie die Osterferien zum ersten Mal bei Tante Ilse und Onkel Fritz auf dem Land verbringen. Sie haben einen Garten, und eines Morgens sagt der Onkel: „Komm, Claudia, wir gehen zusammen zum Gärtner. Es ist höchste Zeit zum Pflanzen und Säen." Und als sie schon auf der Straße sind, ruft ihnen die Tante nach: „Vergesst die Tomatenpflanzen nicht!" Beim Gärtner kauft Onkel Fritz Salat- und Kohlrabipflanzen, allerlei Samen und für Tane Ilse ein Veilchensträußchen. Claudia zupft ihn am Ärmel: „Die Ketschup-Pflanzen nicht vergessen."

„Waas?? Ach so, die Tomatenpflanzen", lacht der Onkel, „da können wir ja auch gleich nach einem Spagettibaum fragen!" Jetzt muss auch Claudia lachen. Dann fragt sie den Onkel, ob sie auch etwas säen darf. „Na klar", meint Onkel Fritz, „für dich kaufen wir ein Tütchen Kressesamen." – Daheim holt er eine flache Schale, gibt etwas lockere Erde hinein, und Claudia streut die Samenkörnchen darauf. „Jetzt noch gießen, denn die Erde muss immer feucht sein", sagt der Onkel, „und dann stellst du die Schale auf die Fensterbank." Schon nach wenigen Tagen sprießen aus den Körnchen winzige Triebe. Claudia beobachtet, wie sie mit jedem Tag wachsen.

Als die Ferien zu Ende sind, kommt Vati, um Claudia abzuholen. Sie rennt ihm mit dem Kresseschälchen entgegen und ruft stolz: „Schau, Vati, die hab ich ganz allein gesät! Und wenn ich groß bin, werde ich Gärtnerin!"

Erika Scheuering

Ein Lampion für zwei

Alle Kinder freuen sich auf den Lampionfestzug. Auch Petra kann es kaum erwarten. Sie darf zum ersten Mal mitmarschieren. Das hat sie sich schon lange gewünscht. Ihr Lampion ist besonders schön, er sieht aus wie eine orangefarbene Laterne. Petra findet zwar auch die selbst gebastelten Buntpapierlampions recht hübsch, aber ihrer, meint sie, ist der allerschönste. Alexander hat einen runden gelben Lampion mit roten und grünen Käfern darauf. Stolz hält er ihn hoch, damit er nur ja nicht zerdrückt wird.

Es herrscht ein ziemliches Gedränge, bis alle Kinder in der Reihe aufgestellt sind und ihre Lampions entzündet haben. Petra beobachtet gespannt, wie ein Lampion neben dem anderen zu leuchten beginnt, so wie am Himmel die Sterne strahlen. Einen Moment achtet sie dabei nicht auf ihren Lampion, da ist es schon passiert. Sie kann ihn vor einem Fußtritt nicht mehr retten. Es ist zu spät.

Der Lampion liegt kaputt auf dem Boden, und Petra ist traurig. Nun hat sie keinen Lampion, den sie durch die Straßen tragen kann.

Am liebsten würde Petra wegrennen. Doch der Festzug setzt sich schon in Bewegung. Alexander geht neben Petra und schwenkt freudestrahlend seinen Lampion. Dann sieht er in Petras trauriges Gesicht. „Komm, wir tragen meinen Lampion zu zweit!", sagt er. Erfreut greift Petra zu. Und dann haben beide sehr viel Spaß mit ihrem Zwei-Kinder-Lampion.

Sonja Keil

Frühlingsblumen mit dicken Bäuchen

Michael wohnt mit seinen Eltern in einer großen Stadt mit hohen Wohnhäusern und Fabriken. Nur an wenigen Stellen findet man Grünflächen mit Buschwerk und Rasen. Hinter den Wohnhäusern fehlen die Gärten, doch am Stadtrand gibt es einige. Herr Ohlmann besitzt dort einen Schebergarten. Er ist der Nachbar von Michaels Eltern und nimmt den Jungen manchmal mit.

An einem Frühlingstag sagt Herr Ohlmann zu Michael: „Wenn du Lust hast, kannst du ein Stückchen vom Garten selbst bearbeiten!"

„Juchhe!", ruft Michael begeistert. „Ich werde die wunderschönsten Blumen züchten!" Herr Ohlmann lacht und zeigt auf die Kisten mit den jungen Pflanzen. Davon kannst du dir nehmen, soviel du brauchst." Michael gräbt den Boden um, setzt die Pflänzchen in die Erde und begießt sie gründlich. Jetzt braucht er nur zu warten, bis sie blühen. Jedes Mal, wenn er mit Herrn Ohlmann im Garen ist, kniet er nieder, um die Höhe zu prüfen. Anfangs wachsen seine Blumen schnell. Dann hören sie damit auf und bekommen stattdessen dicke Bäuche. „Ich habe gar keine Blumenpflanzen gesetzt", jammert Michael, „sondern Kohlrabi!"

„Jetzt erkenne ich es auch", lacht Herr Ohlmann. Du bist ein großer Kohlrabizüchter!" Und damit hat der Junge seinen Spitznamen „Kohlrabi" weg!

Zum Glück ist es kein Schimpfname, sonst würde sich Michael noch mächtig darüber ärgern.

Horst H. Jork

Familie Igel macht einen Ausflug

„Heute wollen wir einen Ausflug machen", erklärten Herr und Frau Igel ihren Kindern. „Zieht alle eure roten Verkehrshosen an, dann sehen uns die Autos besser."
Fertig angezogen marschierte Familie Igel los. Bald kamen sie an eine breite Straße. Die Igelfamilie blieb am Straßenrand stehen und guckte ordentlich nach links und nach rechts und wieder nach links. Aber es fuhren immer neue Autos vorbei. Zwei Stunden standen sie da, und sie konnten einfach nicht über die Straße.
Da kam Moritz mit seinem Wagen. „Kommt her", rief er, „ich bringe euch rüber." Er lud alle Igel in seinen Wagen und zog sie zur nächsten Ampel. Bei Grün fuhr er hinüber und setzte sie am Rande einer Wiese wieder aus. „Danke vielmals", pfiffen die Igel und liefen eiligst ins Grüne.
Moritz aber fertigte zu Hause ein großes Schild an, auf das er schrieb: „Vorsicht! Igelfamilie überquert die Fahrbahn." Das stellte er am Straßenrand auf. Seitdem fuhren die Autofahrer ganz langsam und hielten nach Igeln Ausschau.
Aber die Igelfamilie wurde hier nie wieder gesehen. Sie hatte sich weit entfernt von allen Straßen ein neues Zuhause gesucht.

Angelika Timm

Immis erster Ausflug

"Das sieht aber schlecht aus", murmelt Immi, das Bienchen, vor sich hin. "Wo sind die Schlüsselblumen? Wo ist der süße Klee? Ja, schlafen die denn alle noch?" Immi surrt aufgeregt über die Wiese, setzt sich auf ein dürres Grasbüschel und schüttelt enttäuscht das Köpfchen. "Nein, nein, ich kann es nicht glauben! Meinen ersten Ausflug habe ich mir anders vorgestellt. Keine Nahrung! Nichts Süßes habe ich bis jetzt gefunden. Vielleicht war ich doch zu vorwitzig und hätte noch etwas warten müssen."

Nun hockt Immi im Gras und weiß nicht mehr, wohin. Es ist wirklich noch keine andere Biene unterwegs, keine, die Immi Gesellschaft leisten könnte. Und Immi würde so gerne einen kleinen Plausch halten über den verfrühten Ausflug. Doch nicht einmal eine runde Hummel lässt sich blicken. Trotzdem gibt das Bienchen nicht auf. "Es muss doch eine Pflanze geben, die genauso neugierig ist wie ich und sich nach dem ersten Sonnenstrahl gereckt hat", summt es. Und tatsächlich! Bei seinem erneuten Rundflug entdeckt das Bienchen einen Strauch mit weißen Kätzchen dran.

"Ein Glück, dass ich dich gefunden habe", jubelt Immi und lässt sich auf einem besonders dicken Kätzchen nieder. "Ich danke dir, du gibst mir meine erste Mahlzeit. Hmm, schmeckt dein Nektar gut!"

Sonja Keil

Große Aufregung im Kasperltheater

Der Kasperl war außer sich. Als er in das Kasperltheater kam, wo das Stück „Großmutters Geburtstag" aufgeführt werden sollte, war das Krokodil weg. Die Gretel, der Seppl, die Großmutter, die Prinzessin und der König wunderten sich: „Wohin mag es nur gegangen sein?" Da kam der Polizist und meldete: „Das Krokodil ist nicht zu finden, und draußen sitzen schon die Kinder."
„Steht nicht herum, sucht lieber mit!", rief der Kasperl.
So begann in der Stadt die Suche nach dem Krokodil. Endlich fand es der Kasperl. Es saß seelenruhig in der Konditorei Schleckermäulchen und schleckte an einem Erdbeerkuchen. „Bist du noch zu retten!", schrie der Kasperl. „Die Kinder warten schon, und du frisst Erdbeerkuchen!"
Das Krokodil weinte ein paar Krokodilstränen und meinte: „In unserem Kasperlstück ist der Erdbeerkuchen immer aus Gips. Da wollte ich für die Großmutter einen echten holen, aber ich musste ihn doch zuerst probieren."
„Du hast ihn ja schon fast aufgefressen! Jetzt aber marsch nach Hause!", sagte der Kasperl energisch und ließ sich noch zwei Kuchen einpacken. Einen für die Großmutter und einen als Trost für die Kinder. Denn das Stück „Großmutters Geburtstag" musste leider ausfallen, weil das Krokodil mit fürchterlichen Bauchschmerzen in sein Bett kroch.

Erika Scheuering

Der aufgeblasene Frosch

Den ganzen Tag über hallte der Lärm der Motorsäge durch den Wald. Nun ist sie verstummt, die Holzfäller gehen nach Hause.
Nach und nach hören auch die Vögel auf zu singen. Es kehrt Ruhe ein.
Doch in dem kleinen Teich am Rand des Fichtenwaldes quakt jetzt fröhlich ein Fröschechor. Am lautesten, aber auch ziemlich falsch, singt der dickste Frosch.
„Schreit nicht so laut, sonst hört euch der Storch", ermahnt sie der Stammesälteste. Während die anderen Frösche ihre Stimmen etwas dämpfen, quakt der dicke: „Meinst du, ich fürchte mich vor dem Storch? Der soll nur kommen, dem werde ich schon etwas erzählen!" Und er bläst sich so sehr auf, dass er richtig zum Fürchten aussieht.
„Pass auf, dass du nicht platzt", lacht der Fröschechor.
„Was wollt ihr denn, ihr Angsthasen? Ihr könnt euch ja verstecken, aber ich stelle mich dem Feind. Ich schreie so laut, wie es mir passt, quak, quak…"
Etwas Rotes taucht im Schilf auf, ein Storchenbein. Schwupp, da ist der aufgeblasene Frosch auch schon untergetaucht, noch ehe die anderen Frösche den Storch erkennen. Als sie ihr Versteck aufsuchen, hören sie den Dicken quaken: „Oje, oje, ich habe ja solche Angst!" Da kichern sie und denken: „Ein zweites Mal wird er das Maul wohl nicht so weit aufreißen."

Sonja Keil

Die Großeltern kommen …

Mutti hält einen Brief in der Hand: „Oma und Opa kommen mit dem Mittagszug", sagt sie aufgeregt. „O prima!", jubeln Kathi und Michi. „Aber ich habe keinen Kuchen und keine Blumen" – „Die holen wir von der Wiese", weiß die kluge Kathi.
Wie wunderschön blühen die Frühlingswiesen! „Jetzt pflücken wir ein buntes Sträußchen", sagt Mutti, „aber nur vom Wegrand, sonst zertreten wir das Gras." Der kleine Michi schaut einem Schmetterling nach: „Großer Metterschling."
„Das ist ein Pfauenauge", lächelt Mutti, „ja, aber wo ist den die Kathi?" Sie ist nirgends zu sehen. „Kathi, Kathi", rufen sie, doch alles bleibt still. Mutti macht sich schon Sorgen, da sehen sie das Mädchen hinter einem Strauch sitzen mit einem Blumenkranz auf dem Kopf. „Warum hast du denn nicht geantwortet?", will Mutti wissen. Kathi wispert: „Ich bin auch eine Blume, und Blumen sprechen nicht." – „Jetzt aber marsch nach Hause!", lacht Mutti.
Die Zeit auf der Wiese ist schnell vergangen, und als sie heimkommen, ist es fast Mittag. Jeden Augenblick müssen die Großeltern da sein! Kathi nimmt den Brief vom Tisch. Sie kann ja schon lesen und buchstabiert: „… kommen Mittwoch …, aber Mutti heute ist doch erst Dienstag!" – „Was? Das ist nicht zu fassen! Da kann ich ja in aller Ruhe meinen Kuchen backen!" – „Und wir helfen dabei!", rufen die Kinder. „Das denke ich mir, ihr Naschkatzen, aber zuerst die Blumen ins Wasser stellen", sagt Mutti.

Erika Scheuering

Katrin und der Schäferhund Bodo

Die kleine Katrin hat ihren Teddy sehr lieb. Abends nimmt sie ihn mit ins Bett, beim Frühstück sitzt er neben ihr auf dem Stuhl, und tagsüber spielt sie oft mit ihm. Heute darf Teddy auf dem Schäferhund Bodo reiten. „Hüa, Pferd!", ruft Katrin. Bodo hatte vor sich hin gedöst. Nun rappelt er sich auf und läuft brav neben Katrin her. Doch nach zwei Runden um den Couchtisch legt er sich wieder hin. Katrin ruft: „Hüa!" Bodo spitzt die Ohren, bleibt aber liegen. Katrin zerrt am Halsband – Bodo zieht dagegen und dreht den Kopf. „Lass ihn doch!", sagt Mutti. „Er will schlafen so wie du, wenn du müde bist."

Aber Katrin hört nicht. Mit einem Ruck zieht sie Bodo ganz fest am Schwanz. Jaulend springt der Hund auf die Beine. Dann sieht er sich um. Schwupp! packt er den Teddy und rennt damit in den Garten hinaus. Katrin reißt vor Schreck die Augen auf. „Mutti!", schluchzt sie endlich. „Bodo hat meinen Teddy weggenommen!" Mutti hat alles gesehen. „Sicher weißt du, warum", meint sie. Katrin nickt. Da nimmt Mutti Katrin an der Hand. „Wir wollen sehen, wo dein Teddy ist." Bei einem Baum fliegt Erde hoch. „Er will Teddy vergraben!", schreit Katrin. Schnell ruft Mutti Bodo herbei, streichelt ihn und gibt ihm einen Hundekeks. Katrin aber bückt sich nach ihrem Teddy. Voller Erde ist er! Katrin drückt ihn ganz fest an sich. Ob sie Bodo jetzt in Ruhe lassen wird, wenn er schlafen will!

Gisela Fischer

Vom Sandmännchen

Am Abend zur Schlafenszeit geht das Sandmännchen zu den Kindern und streut ihnen ein bisschen Sand in die Augen, damit sie schlafen können. Auch heute schleppte es sein Säcklein von Haus zu Haus und wurde auf einmal selbst ganz müde. „Nur ein paar Minuten", gähnte es, „dann muss ich noch zu dem kleinen Martin, und danach ist sowieso Feierabend." Es lehnte sich gegen einen Baumstumpf am Wegrand, legte seinen Sack neben sich und nickte ein.

Fieps und Pieps, die beiden Feldmäuse, kamen neugierig aus ihrem Mauseloch und piepsten: „Ein fremder Zwerg mit einem Sack! Da ist bestimmt ein feiner Leckerbissen drin!" Und schon knabberte Fieps ein Loch in das Säcklein. Aber als nur ein wenig Sand zum Vorscheinkam, huschten sie enttäuscht davon.

Das Sandmännchen wachte auf, nahm sein Säcklein, und als es zum kleinen Martin kam, merkte es, dass der Sack leer war. Und Martin hopste vergnügt in seinem Bett herum und wollte nicht schlafen. Der Sandmann war verzweifelt.

In dem Moment kam die Mutter herein: „Was? Du schläfst noch nicht? Komm, ich werde dir ein Märchen erzählen." Als die Geschichte zu Ende war, schlief Martin tief und fest… Und das Sandmännchen wunderte sich, dass man beim Märchenerzählen auch einschlafen kann.

Erika Scheuering

Der traurige Hase

Hopsi, der weiße, seidenweiche Hase, hoppelte in die hinterste Ecke seines Hasenhauses. Er schmollte. „Wenn Nanne nicht kommt", wisperte er, „rühre ich mich nicht mehr vom Fleck. Sie hat mich bestimmt vergessen. Dabei streichelt sie mich immer so zart und sagt: ‚Hopsi, du bist mir der Liebste!' Denkste! Gestern kam sie schon nicht zu mir und heute auch nicht, sie mag mich nicht mehr!"

Das bunte Huhn kam anspaziert. „Was ist mit dir los, weißer Hase, warum bist du so schweigsam?", gackerte es. „Ich will mich mit dir unterhalten!" – „Mag nicht", brummte Hopsi. „Und wenn Nanne nicht kommt, mag ich überhaupt von keinem mehr was wissen. Aus, basta!" – „Und warum kommt sie nicht mehr zu dir?", fragte das Huhn neugierig. „Weil sie mich nicht mehr mag, sie hat mich angeschwindelt!" „Aber, vielleicht hat sie nur keine Zeit", meinte das Huhn und scharrte nach Leckerbissen. „Du bist doch dumm! Nanne hat immer Zeit, das ist es nicht", behauptete Hopsi und schwieg wieder.

Nun kam Nannes Papa. Er brachte dem Hasen saftige Löwenzahnblätter und eine große Karotte. Hopsi ließ sich nicht locken. „Ich weiß schon", sagte Nannes Papa, „du vermisst die Nanne, stimmt's? Ich soll dich lieb grüßen von ihr, morgen kommt sie selbst wieder. Weißt du, sie war einige Tage krank, hatte Ziegenpeter!" Plötzlich war Hopsi wie umgewandelt. Er schoss in seinem Haus hin und her, knabberte hungrig sein Futter und raunte dem Huhn zu: „Entschuldige, du bist nicht dumm, aber ich war es!"

Sonja Keil

Eine Wiesengeschichte

Der Gartenzwerg Hansi mit dem Rechen und der Gartenzwerg Karli mit der Gießkanne standen unterm Fliederbusch. „Kannst du dich noch an die bunten Schmetterlinge erinnern?", frage Hansi. „Aber seitdem Frau Säuberlich hier wohnt und alle Brennnesseln ausreißt, verirrt sich kein Schnetterling mehr in den Garten."
„Ja, es ist zum Heulen", seufzte Karli, „wie herrlich war früher unsere Wiese! Mit weißen Margeriten, roten Feuernelken und gelbem Hahnenfuß. Und am Abend läuteten leise die blauen Glockenblumen. Aber Frau Säuberlich will ja einen sauberen Rasen haben. Wie langweilig!"
Das hörte der Wind. Er machte sich ganz stark und blies von der Bauernwiese vor der Stadt viele Millionen Samenkörner in den Garten. Zum Glück war Frau Säuberlich gerade verreist! Aus den Samenkörnern wurden Pflänzchen, und daraus wuchsen bunte Blumen. Und als Frau Säuberlich nach Hause kam, stand sie staunend im Garten. Bienen und Hummel summten, und Schmetterlinge flogen von Blüte zu Blüte.
„Wie schön", rief sie, „nie wieder so ein langweiliger Rasen! Aber … was läutet denn da ganz leise?" Da schaute der Gartenzwerg Hansi mit dem Rechen den Gartenzwerg Karli mit der Gießkanne an und beide grinsten. Sie wussten, dass es die Glockenblumen waren, die da läuteten.

Erika Scheuering

Der lebende Fernseher

Glaubst du, dass es einen lebenden Fernseher gibt? Nein? Dann hör einmal zu.
Julian war ein kleiner Junge. Vormittags ging er in den Kindergarten und spielte mit den anderen Kindern. Nachmittags aber jammerte er: „Mir ist sooo langweilig. Darf ich fernsehen?" Mutter fragte dann: „Willst du nicht lieber etwas spielen?" Doch dazu hatte Julian keine Lust. So saß er Nachmittag für Nachmittag vor dem Fernsehapparat. Eines Tages geschah etwas Merkwürdiges. Mutter rief lachend: „Wir haben einen neuen Fernseher!" Sie verschwand, und kurz darauf sprach die Fernsehansagerin: „Liebe Kinder, heute müsst ihr das Programm selbst erfinden. Als Zuschauer schlage ich vor: den Bären, das Kasperle und die Puppe Klausi. Lasst euch was Schönes einfallen!"
Julian glaubte, nicht recht zu sehen und zu hören. Aber war das nicht Mutter mit Perücke, Brille und verstellter Stimme? Ja, sie hatte in einen Karton ein großes, viereckiges Loch hineingeschnitten und ihn angemalt. Von da an hatte Julian immer etwas zu tun. Er spielte Kindersendung, machte Werbung, erfand Nachrichten und verlas den Wetterbericht. Zuschauer und Mitspieler waren zunächst seine Tiere und Puppen, schließlich aber auch seine Freunde aus dem Kindergarten, denen er so lange von seinem lebenden Fernseher vorgeschwärmt hatte, bis sie ihn unbedingt kennen lernen wollten.
Siehst du: Es gibt einen lebenden Fernseher! Hast du nicht Lust, dir auch einmal einen zu bauen?

Heidemarie Brosche

Das Märchen vom Sechspünktchen

Bei der Marienkäferfamilie Siebenpunkt waren zehn winzige Käferkinderlein auf die Welt gekommen. „Holt euch die schwarzen Läuse aus dem Jasmin", sagte die Käfermama, „sie schmecken uns so köstlich wie den Menschenkindern der Schokoladenpudding." Die Käferlein schwebten davon, aber das winzigste von ihnen kam nur bis zum Rosenbeet. „Was kommt denn da für ein komisches Würstchen?", lachte die freche, grüne Blattlaus von der Knospe herunter. „Ich heiße Siebenpünktchen", murmelte das Käferchen. „Siebenpünktchen? Hahaha! Ich zähle nur sechs Punkte!" „Du hast wirklich nur sechs Punkte", bestätigte die vorüberschwirrnde Libelle. Ganz traurig wurde da das Käferlein und kroch unter ein Stiefmütterchen. Dort saß eine Blumenfee. Neben ihr standen Farbtöpfchen und lag ein weißes Blütenblatt. „Oh, ein Glückskäferchen!", freute sich die Fee. „Jetzt weiß ich endlich, was ich für Frau Biene zum Geburtstag malen soll. Du musst mir Modell stehen."
„Aber ich habe doch nur sechs Punkte", klagte der kleine Käfer. „Das werden wir gleich haben", lachte die Fee und malte dem Käferlein einen runden, schwarzen Punkt auf seinen roten Rücken. Nun kleckste aber der Pinsel ein bisschen, und neben dem siebten hatte das Käferlein auf einmal noch einen klitzekleinen achten Punkt.
„Jetzt wird aber die freche Blattlaus eine Riesenangst vor mir haben!", rief es überglücklich.

Erika Scheuering

Die frechen Sternenkinder

Einmal im Monat bekommen alle Sternenkinder vom alten Mond Unterricht. Dann erzählt er ihnen von den Menschen auf der Erde, von der Sonne und den vielen Planeten, die es im Weltall gibt. Heute Nacht ist es wieder soweit, und alle Sternenkinder lauschen gespannt den Geschichten, die der Mond zu erzählen weiß. Ja, wirklich alle – bis auf die beiden kleinsten Sternenkinder, die ganz rechts vom Mond stehen. Sie tuscheln und kichern und albern herum.
„Seid endlich ruhig!", schimpfen die anderen Sterne. Aber die beiden spielen einfach weiter. Da wird es einem Stern zu bunt, und der verpetzt die Störenfriede beim Mond. Als der Mond nun laut losschimpft, fallen sie vor Schreck vom Himmel, direkt auf die Erde. Das eine Sternenkind landet in einem Baum, das andere – igitt! – in einem Misthaufen. Jetzt ist guter Rat teuer und das Gejammer groß.
Der Mond schickt ihnen zwei dicke Mondstrahlen hinterher und ruft: „He, ihr zwei, klettert wieder herauf!" Das lassen sich die Sternenkinder nicht zweimal sagen! Flink kraxeln sie die Strahlen hinauf, und – haste nicht gesehen – stehen sie auf ihrem alten Platz, rechts vom Mond.
So scheint alles wieder seine Ordnung zu haben. Der Mond rümpft allerdings ab und zu die Nase und sagt zu dem einen Sternchen gewandt: „Lieber Himmel, wie es hier stinkt!"

Regina Meyer-Naujoks

Pony Pennys Abenteuer

Das braune Pony Penny stand auf der Wiese und dachte: „Ich möchte wissen, was dort hinter dem Hügel ist." Und schon galoppierte es den kleinen Berg hinauf. Dahinter war ein Dorf mit einem großen Platz, wo ein Mann gerade ein Karussell aufbaute. Er stellte weiße, mit bunten Blumen bemalte Holzpferde auf eine Plattform, die sich im Kreis drehte. Das Pony sage zu dem Mann: „Ich möchte mich auch mit den Pferdchen drehen." Der Mann lachte: „Dich kann ich nicht brauchen mit deinem braunen Fell!"

Da lief Penny zu einem Maler. Es ließ sich weiß anstreichen und mit Blumen bemalen. Als es der Mann so sah, meinte er: „Allen Respekt! Du kannst bei mir arbeiten." So drehte sich Penny stolz mit den Holzpferdchen, und die Musik spielte dazu.

Es kamen viele Kinder, und alle wollten nur auf Penny reiten, weil es so warm und weich war. Das ging eine ganze Woche gut. Dann kam der Tag, an dem es wie aus Eimern regnete, und die bunten Farben liefen von Penny nur so herunter. Da schämte sich das Pony, und es galopppierte auf seine Wiese zurück. Als die Kinder nach dem besonderen Pferdchen fragten, sage der Karussellmann: „Lauft nur dort über den Hügel, da steht es auf der Wiese und freut sich wie ein Schneekönig, wenn ihr kommt." Und so war es auch.

Erika Scheuering

Verrückte Wünsche

Manchmal hat der kleine Koch Puddingboy ganz dumme Wünsche. Dann möchte er mit einem Fahrrad über das Meer fahren. Oder er will mit einer Tafel Schokolade die Straßenbahn zum Lachen bringen. Oder er möchte einen Luftballon so dick aufblasen, dass eine ganze Schafherde darin Platz findet. Es sind wirklich ganz verrückte Wünsche!

Einen Wunsch kann sich der Koch Puddingboy aber jederzeit erfüllen. Er kann kochen, wann immer er Lust dazu verspürt. Und dann kocht er am liebsten für seine Freunde. Wer seine Freunde sind? Der alte Herr Lischi aus dem Haus an der Ecke, die blonde Frau Heide mit ihren Kindern, der Straßenkehrer Flip und viele andere. Puddingboy packt seinen größten Kochtopf mit Erbsensuppe in einen Holzwagen. Damit zieht er von Haus zu Haus. Weil der Topf offen ist, geschieht bei Regenwetter stets ein großes Wunder: Er wird nicht leer und bleibt immer bis obenhin mit Suppe und Regenwasser gefüllt. Schließlich ist im Tof nur noch Regenwasser. Und damit säubern jedes Mal Puddingboys Freunde den großen Suppentopf blitzblank.

„Auf Wiedersehn beim nächsten Suppenwunder!", ruft Puddingboy dann. Und sofort denkt er sich eine neue Verrücktheit aus.

Horst H. Jork

Tina und Nina

Die Zwillinge Tina und Nina haben Geburtstag. Es ist ein herrlicher Sommertag.
„He, Nina, steh auf!", ruft Tina früh am Morgen. „Es ist so weit."
Im Wohnzimmer liegt für jedes Mädchen ein großes Paket. „Jippi, das sind ja richtige Inlineskates!", schreit Nina. „Knieschoner und Helm sind auch gleich dabei." Tina fällt ihr ins Wort: „Da, sieh nur, ich hab ein Skateboard bekommen! He, wir probieren alles gleich mal aus!"
Begeistert umarmen die Mädchen ihre Eltern und stürmen in den Hof. Anfangs fühlen sich beide noch etwas unsicher, doch mit der Zeit gelingt es ihnen immer besser, das Gleichgewicht zu halten.
„Was hältst du von einem kleinen Wettrennen?", fragt Tina. „Mit meinem Skateboard bin ich bestimmt viel schneller als du!" – „Abwarten!", meint Nina. „Okay, gleich nach dem Mittagessen kann es losgehen."

Die Zwillinge starten vor der großen Scheune. Tina sieht ihre Schwester prüfend an: „Du hast doch nicht etwa Angst, oder?" – „Ich?", fragt Nina zurück. „Keine Spur! Also: Auf die Plätze, fertig, los!"
Zunächst bleiben die Mädchen auf gleicher Höhe. Doch dann geht es leicht bergab und Tina wird mit ihrem Skateboard ziemlich schnell. „Hilfe, ich kann nicht mehr lenken!", ruft sie. „Und ich nicht mehr bremsen!", schreit auch Nina. Rums, da stoßen die Zwillinge zusammen. Tina schlittert jetzt geradewegs auf den Misthaufen zu. Und Nina hat so einen Schwung, dass sie platsch! mitten im Planschbecken ihres kleinen Bruders landet.
Zuerst sehen sich die beiden Mädchen verdattert an, doch im nächsten Augenblick kichern sie los. „Du bist klitschnass!", lacht Tina. „Ihhh! Und du stinkst nach Mist!", prustet Nina. Na, das ist ja ein lustiger Geburtstag geworden!

Immer nur fernsehen?

Laura sitzt mit ihren Eltern beim Abendessen. „Stellt euch vor", erzählt sie, „meine Freundin Sabine hat mir nachträglich zum Geburtstag ein tolles Spiel geschenkt." – „Hmm, schön!", brummt Papa nur hinter seiner Zeitung hervor. „Was haltet ihr davon, wenn wir es heute Abend zusammen ausprobieren?", fragt Laura. „Was? Heute Abend?" Papa blickt erstaunt auf. „Kommt nicht in Frage! Heute kommt unser Lieblingskrimi im Fernsehen. Den dürfen wir unmöglich verpassen!" – „Warum müsst ihr denn immer nur fernsehen? Sabine macht mit ihren Eltern auch oft Spieleabende!", protestiert Laura, aber da sagt Mama: „Keine Diskussion! Du hast gehört, was Papa gesagt hat."

Traurig geht Laura in ihr Zimmer. Sie schnappt sich ein paar Buntstifte und fängt an zu malen. Doch was ist das? Auf einmal ist alles stockdunkel. Auch vom Fernseher ist kein Laut mehr zu hören. Laura wird ganz mulmig, doch dann hört sie Mamas Stimme: „Laura, hab keine Angst! Wir haben einen Stromausfall."

Da hat Laura eine Idee. Blitzschnell nimmt sie das neue Spiel und tastet sich ins Wohnzimmer. Dort haben ihre Eltern schon jede Menge Kerzen angezündet. „Jetzt habt ihr aber keine Ausrede mehr!", ruft Laura und deutet auf das Spiel. „Na gut", seufzt Papa, „aber wir spielen nur so lange, bis der Strom wieder da ist!"
Schnell hat Laura die Spielregeln erklärt. Papa würfelt eine Sechs nach der anderen. „Hurra, ich bin Sieger!", ruft er begeistert und lacht. „Ich wusste gar nicht mehr, wie schön Spielen ist. Das können wir ruhig öfter machen!" Darüber ist Laura froh. Schließlich ist aus dem langweiligen Fernsehabend noch ein toller Spieleabend geworden!

Ein ganz besonderer Urlaub

Endlich Sommerferien! Gleich am ersten Tag geht es los: Marc fährt mit seinen Eltern nach Spanien.
Die Ferienwohnung ist sehr ruhig gelegen, und es sind wenig andere Urlauber da. Marcs Eltern finden das gut. „Endlich kann man sich so richtig erholen!", meint Papa. Aber Marc gefällt das überhaupt nicht. „Hier gibt es so wenig Kinder, und schon gar keine in meinem Alter!", beschwert er sich. „Das werden vielleicht langweilige drei Wochen!" – „Und was ist mit dem spanischen Jungen, der neulich mit dir spielen wollte?", fragt Mama. „Ach der!", meint Marc nur. „Der versteht ja kein Deutsch!"
Auf dem Weg zum Strand sieht Marc den spanischen Jungen wieder. Er düst mit einem tollen Mountainbike durch die Gegend. Marc bleibt stehen. Der Junge auch. Er zeigt auf sich und sagt: „Carlos." – „Aha", denkt Marc, „das wird sein Name sein." – „Marc", sagt er und deutet auf sich. Dann hält ihm Carlos sein Fahrrad hin. „Echt?", fragt Marc. „Ich darf es ausprobieren?" Carlos nickt. „Fährt klasse!", ruft Marc nach ein paar Runden.

Jetzt zeigt ihm Carlos ein paar tolle Verstecke. Und schließlich besuchen die beiden noch Marcs Eltern am Strand und gehen zusammen baden.
„Carlos ist echt nett!", erzählt er ihnen beim Abendessen. „Stellt euch vor, wir verstehen uns prima, obwohl wir nicht die gleiche Sprache sprechen! Morgen treffen wir uns wieder." – „Na, dann kann von Langeweile ja keine Rede mehr sein", sagt Mama.
„Langeweile? Wie kommst du denn darauf?", fragt Marc. „Also dann, ‚buenas noches' ihr beiden." Seine Eltern sehen ihn verdutzt an. „Wie bitte?" – „Sagt bloß, ihr wisst nicht, was ‚buenas noches' heißt!", kichert Marc.
„Es bedeutet ‚gute Nacht'. Das weiß doch jedes Kind!"

Im Kindergarten ist der Zirkus los

Im Kindergarten herrscht große Aufregung. Vor den Sommerferien findet nämlich ein riesiges Abschlussfest statt, zu dem auch alle Eltern eingeladen sind. „Was haltet ihr davon, wenn wir einige Zirkusnummern einstudieren?", schlägt die Kindergärtnerin vor.
„Tolle Idee!" Die Kinder schreien begeistert durcheinander. „Juhu!", freut sich Anne, „dann kann ich mit meinem Hund Blacky ein Kunststück vorführen." Lara ruft dazwischen: „Ich will mit Bällen jonglieren!" – „Und ich spiel den Clown!", meint Philipp. Bald hat jedes Kind eine besondere Aufgabe bekommen.
In den nächsten Wochen üben alle für den Auftritt beim Fest. Auch Anne trainiert eifrig, denn schließlich muss Blacky ihr aufs Wort folgen. Wie ein Tiger im richtigen Zirkus soll er durch einen großen Reifen springen. „Da werden die Zuschauer bestimmt staunen!", freut sie sich.
Endlich ist der große Tag da. Die Kinder sind alle ziemlich aufgeregt. Ob auch niemand von den Stelzen fällt? Ob der Clown nicht über seine großen Schuhe stolpert? Ob die Zaubertricks wohl klappen?

Doch alles läuft prima. „Komm, Blacky, jetzt sind wir dran!", flüstert Anne.
Die Musik beginnt zu spielen und beide betreten die Bühne. Anne hält Blacky den Reifen hin. Wird er springen? Schwupp! schon ist er hindurch gehopst. Und noch mal! Blacky will gar nicht mehr aufhören. Tosender Beifall ertönt. Anne fällt ein Stein vom Herzen und stolz verbeugt sie sich.
Als letzte Nummer ist Lara mit dem Jonglieren dran. Nanu, was hat Blacky vor? Schwanzwedelnd läuft er wieder auf die Bühne. „Nein, Blacky, bleib stehen!", ruft Anne. Doch er hört einfach nicht. Jedes Mal, wenn Lara einen Ball hochwirft, springt Blacky – hopp – und schnappt ihn sich. „Geh weg, Blacky!", zischt Lara. „Ha, ha, ha, das ist ja besser als im richtigen Zirkus!", rufen die Eltern und klatschen begeistert. Da muss sogar Lara mitlachen. Und Blacky, der ist der Star der Vorstellung!

Wer hilft Nilpferd Nobbi?

„Aua! Auuuuuaaaa", ruft Nilpferd Nobbi verzweifelt. „Ja, hilft mir denn keiner?"
Da kommt sein Freund, das Krokodil, angeschwommen. „Nanu, was ist denn los?",
fragt es erstaunt. „Auuuuaaa", jammert Nobbi weiter, „ich habe ja sooo schreckliche
Zahnschmerzen! Kannst du mal nachsehen?" Nobbi sperrt sein riesiges Maul weit
auf. „Wenn du meinst", antwortet das Krokodil. Dann ruft es: „Ich glaube, da hinten
steckt etwas! Vielleicht ein Zweigstück, das sich zwischen deinen Zähnen verkeilt
hat." Das Krokodil überlegt: „Hmm, um das zu erwischen, bin ich leider viel zu
groß!"
Traurig schwimmt Nobbi weiter. Wahrscheinlich würde ihm niemand helfen können,
denn alle seine Freunde sind ziemlich groß und dick.
Plötzlich fällt sein Blick auf ein Vögelchen, das sich auf einem Zweig ausruht.

„Das ist die Lösung!", denkt er. Sofort erzählt Nobbi dem Vögelchen von seinem Problem. „Ich weiß nicht", piepst es unsicher, „du bist so riesig! Ich habe Angst, in dein Maul zu fliegen!" Doch dann tut ihm das Nilpferd Leid: „Na gut, ich will es versuchen", ruft das Vögelchen schließlich.
Vorsichtig flattert es in das weit geöffnete Maul von Nobbi. Als es die großen Zähne sieht, wäre das Vögelchen am liebsten wieder umgekehrt. Aber dann denkt es an die schlimmen Schmerzen, die Nobbi hat, und hüpft mutig nach hinten. Mit seinem harten spitzen Schnabel pickt es den eingeklemmten Zweig heraus und fliegt schnell ins Freie.
„Geschafft!", piepst das Vögelchen stolz. „Juhu! Meine Zahnschmerzen sind wie weggeblasen. Danke!", freut sich Nobbi. Dann fragt er: „Wollen wir Freunde werden? Ich bin groß und stark und kann dich beschützen!" – „Eine gute Idee!", antwortet das Vögelchen. „Und ich kann dich mit meinem Schnabel kratzen, wenn dein Rücken juckt. Oder dir helfen, wenn du wieder Zahnschmerzen hast. Ich habe nämlich gar keine Angst mehr vor dir!"

Julia zieht in eine andere Stadt

„Tschüss, Mama, ich geh zu Julia rüber zum Spielen", ruft Lena. Julia ist Lenas Nachbarin und beste Freundin.
Als Lena durch das geheime Loch in der Hecke zu Julia schlüpft, merkt sie gleich, dass etwas nicht stimmt. Die Freundin kommt ihr schon entgegen gerannt. „Stell dir vor", erzählt sie, „wir ziehen in eine andere Stadt! Papa hat dort eine neue Arbeit angenommen." – „Was?" Lena kann es gar nicht glauben. „Und was wird aus uns?" Julia zuckt die Schultern: „Ich hab schon alles versucht. Meine Eltern lassen sich nicht umstimmen."
Viel zu schnell kommt der Umzugstag. Die Mädchen beobachten, wie alles in einen riesigen Lkw geladen wird. „Ohne dich wird es hier bestimmt total langweilig!", jammert Lena. „Und ich kenne keine Menschenseele in der neuen Stadt", seufzt Julia.

In den ersten Tagen nach Julias Umzug verkriecht sich Lena in ihr Zimmer. Ohne die Freundin macht einfach nichts mehr Spaß! Da klopft es plötzlich an Lenas Zimmertür. „Ich habe eine Überraschung für dich!", ruft Mama. „Ein Brief von Julia." Lena macht einen Luftsprung. „Juhu!" Mama hilft ihr, den Brief zu lesen. „Hallo, Lena!", beginnt Julias Brief. „Wie gut, dass wir in der Schule gerade lesen und schreiben lernen. Wir können uns immer Briefe schicken und uns erzählen, was wir jeden Tag erleben. So bleiben wir weiter Freundinnen. Was meinst du?"
Lena findet Julias Idee einfach super! Noch am gleichen Tag antwortet sie ihr. Und bald entwickelt sich zwischen den beiden ein reger Briefwechsel.
Am meisten freut sich Lena über Julias letzten Brief. Warum? Julia hat Lena nämlich darin eingeladen, sie während der Sommerferien in der neuen Stadt zu besuchen. Und bis dahin ist es gar nicht mehr lang!

Rebekkas Abenteuer im Keller

Die kleine Hexe Rebekka war sauer. Ausgerechnet sie sollte für Mama eine Flasche Zaubertrank aus dem Keller holen. „Im Keller ist es immer so dunkel. Da gibt's bestimmt Gespenster!", jammerte sie. „Unsinn!", meinte Mama nur. „Eine Hexe wird doch keine Angst haben!"
Hatte Rebekka doch. Aber weil niemand etwas davon merken sollte, ging sie die Kellertreppe hinunter. Uaaah, wie die Tür schon quietschte. „Nur schnell zum Flaschenregal und dann nichts wie weg hier!", dachte Rebekka. Plötzlich hörte sie ganz dicht neben sich ein schmatzendes Geräusch.
„Hallo, du!", sagte da jemand. Rebekka bekam einen Riesenschreck. Direkt vor ihr saß ein kleines weißes Gespenst und naschte Marmelade. „Hokus pokus gespenstibus ...", rief Rebekka. Nichts rührte sich. „Mist, wie heißt nur der richtige Zauberspruch gegen Gespenster?" Den hatte sie in der Aufregung völlig vergessen.

„He, du brauchst doch keine Angst vor mir zu haben", sagte die Stimme wieder. „Ich bin's, Gregor!" Gregor sah genauso aus, wie sich Rebekka Gespenster immer vorgestellt hatte. Nur, dass Gregor sie anlächelte. „Schmeckt lecker, eure Erdbeermarmelade!", schmatzte er. „Willst du auch mal?" Gregor hielt Rebekka das Glas hin. Zögernd probierte sie. Dann erzählte sie Gregor, dass sie vor Gespenstern eigentlich Angst habe. „Hm", machte Gregor traurig, „leider wissen nur die wenigsten, dass wir Gespenster total nett und freundlich sind." Das fand Rebekka inzwischen auch. Es machte richtig Spaß, mit Gregor zusammen im Dunkeln zu sitzen, Marmelade zu naschen und seinen lustigen Geschichten zu lauschen.
Wenn da nur nicht Mama gewesen wäre. „Rebekka, wo bleibst du?", rief sie in den Keller hinunter. „Ich besuch dich bald wieder!", versprach die kleine Hexe. Nun rate mal, wer seitdem oft und gern in den Keller geht!

Der Neue im Kindergarten

„Kommt mal alle her, ich hab eine Überraschung für euch", sagt Frau Kern, die Kindergärtnerin. Neugierig laufen die Kinder zu ihr. Neben Frau Kern steht ein fremder Junge. „Das ist Felix", erklärt sie. „Ab heute kommt er zu uns in den Kindergarten."
Felix folgt den anderen unsicher nach draußen. „Mach doch mit!", ruft Daniel. „Wir spielen Seilhüpfen!" – „Ach ne, ich schau lieber erst mal zu!", antwortet Felix schüchtern.
Nach einiger Zeit kommt Frau Kern aufgeregt in den Garten und fragt: „Hat jemand Felix gesehen?" Die Kinder schütteln den Kopf. Sie fangen an, überall zu suchen – von Felix fehlt jede Spur! Aber kommt da nicht ein Geräusch aus dem Waschraum? Daniel geht hinein. Aus einer der Toiletten sieht er den Kopf von Felix über die Trennwand ragen. „Da bist du ja!", ruft Daniel erleichtert. „Kannst du mir helfen?", fragt Felix. „Ich krieg die Tür nicht mehr auf!" Da prustet Daniel los: „Was? Hi, hi, hi! Das ist ja lustig. Felix hat sich im Klo eingesperrt! Hi, hi, hi!"

Bald haben sich mehrere Kinder im Waschraum versammelt. Einige kichern. Frau Kern kommt angelaufen, beugt sich über die Trennwand und öffnet die Toilettentür. „Tut mir Leid, Felix, in der Eile habe ich wohl vergessen, dir zu erklären, wie das mit dem Riegel funktioniert!" – „Schon okay", meint Felix, doch sein Kopf ist hochrot. Frau Kern klatscht in die Hände und ruft: „Wer hat Lust auf ein Fußballspiel?" – „Fußball – au ja!", schreien alle, sogar Felix.
„He, seht mal, so einen guten Stürmer hatten wir ja noch nie!", staunt Anna. Der schüchterne Felix schießt ein Tor nach dem anderen! „Hast du heute Nachmittag schon was vor, Felix? Wir könnten zusammen trainieren."
„Ich mach gern mit, super!" Felix strahlt. Und das Missgeschick im Waschraum hat er schon fast vergessen.

Oma ist die Beste!

Lisa geht für ihre Mama einkaufen. An der Kasse hängt ein Zettel: „Junge Kätzchen abzugeben. Nähere Informationen an der Theke." Lisa wird ganz schwindelig vor Aufregung. Junge Kätzchen? Wie lange hat sie sich nicht schon eines gewünscht! Schnell erledigt sie die anderen Einkäufe und saust heim. Begeistert erzählt sie Mama von den Kätzchen. Doch die schaut ernst und sagt: „Lisa! Wie oft habe ich dir schon gesagt, dass Papa und ich keine Haustiere wollen! Hier in der Wohnung ist es zu eng für ein Tier. Und überhaupt, so eine Katze macht viel zu viel Arbeit."
Traurig verzieht sich Lisa in ihr Zimmer. Nach einiger Zeit klopft es an der Tür. Es ist Lisas Oma. Sie wohnt gleich in der Nähe und kommt oft zu Besuch. Als sie Lisa ansieht, weiß sie sofort, dass etwas nicht stimmt. „Warum machst du denn so ein Gesicht? Ist etwas passiert?", fragt sie.
Bei einer Tasse Kakao erzählt Lisa ihrer Oma, warum sie so traurig ist.

„Hmm ...", meint Oma nur. Sie scheint zu überlegen. Dann zieht sie ihre Jacke an und fragt: „Was hältst du davon, wenn wir uns die Kätzchen mal ansehen?" Das lässt sich Lisa nicht zweimal sagen.
In einem Korb liegen drei kleine Katzen bei ihrer Mutter. „Sind die süß!", ruft Lisa. Oma nimmt die schwarze heraus und streichelt sie vorsichtig. „Diese nehmen wir!", sagt sie. „Was?" Lisa schaut ihre Oma ungläubig an. „Und Mama?" – „Wer sagt denn was von Mama? Das Kätzchen ist für mich! Ich bin oft allein und würde mich gerne um eines kümmern. Und du kannst mich ja immer besuchen. In ein paar Wochen, wenn das Kätzchen groß genug ist, holen wir es zusammen ab." Lisa strahlt über das ganze Gesicht: „Oma, du bist einfach die Beste!"

Ach, diese kleinen Brüder!

Alexander hat es heute nach der Schule besonders eilig. „Nanu? Was ist denn mit dir los?", fragt Mama, als er schnell das Mittagessen hinunterschlingt. „Hmmm ... Marco hat mir heute ein neues Gameboyspiel mitgebracht, das muss ich unbedingt gleich ausprobieren!", brummt Alexander nur und verschwindet in sein Zimmer.
Dort schnappt er sich sofort seinen Gameboy und schiebt das neue Spiel ein. Nichts tut sich. Die Anzeige bleibt schwarz und das Gerät gibt keinen Ton von sich. „Das gibt's doch gar nicht!", schimpft Alexander. Er versucht es nochmals, prüft die Batterien und ruft dann wütend: „Jens! Du hast wieder mit meinem Gameboy gespielt! Jetzt ist er kaputt!" – „Dein Bruder ist nicht da, Alexander!", hört er Mama zurückrufen. „So was Dummes!", denkt Alexander. Dabei hat er sich so sehr aufs Spielen gefreut!
Wenig später klingelt das Telefon. „Es ist für dich, Alexander. Marco ist dran!", ruft Mama. Schlecht gelaunt nimmt ihr Alexander den Hörer ab.
„Ich wollte nur mal hören, wie dir das neue Spiel gefällt", sagt Marco.
Da erklärt ihm Alexander, was passiert ist. „Kein Problem!", meint Marco. „Dann kommst du eben zu mir und wir spielen zusammen!"

Fünf Minuten später sitzt Alexander schon auf seinem Fahrrad. Als er bei Marco ankommt, erklärt ihm dieser das Spiel und gibt ihm sogar noch einige Tipps. Dann kann es losgehen.
„Juhu, gewonnen!", ruft Alexander nach kurzer Zeit. „Das Spiel ist echt super. Und zu zweit macht Gameboyspielen noch viel mehr Spaß!"

Halb so schlimm

Als Sophia aufwacht, wundert sie sich: „Nanu? Wo bin ich?" Dann fällt ihr alles wieder ein: ihr Sturz mit dem Fahrrad, ihre Eltern, die sie sofort ins Krankenhaus gefahren haben und ihr gebrochenes Bein. Das hat nun einen riesigen Gipsverband. Das Bein schmerzt nicht mehr, aber trotzdem ist sie schlecht gelaunt. „Über eine Woche muss ich in dem blöden Krankenhaus liegen!", denkt sie. „Das wird vielleicht langweilig!"

Erst als sich Sophia im Zimmer umschaut, merkt sie, dass noch jemand da ist. Neben ihr liegt ein Mädchen, dessen Arm eingegipst ist. „Hallo!", ruft ihr das Mädchen zu. „Ich heiße Michelle, und du? Schön, dass ich nicht mehr alleine bin!" Noch bevor Sophia antworten kann, öffnet sich die Tür und eine Krankenschwester bringt das Frühstück. „Guten Morgen, ihr zwei! Bestimmt habt ihr einen Bärenhunger!" – „Mhh, lecker! Das sind ja frische Brötchen. Die gibt es daheim nur am Wochenende", rutscht es Sophia heraus. Hungrig stürzen sich die Mädchen auf das Frühstück. Dabei geht es ganz schön lustig zu, denn Sophia muss für Michelle alle Brötchen schmieren, da sie ihren Gipsarm nicht bewegen darf. Überhaupt verstehen sich die zwei ziemlich gut.

Am Nachmittag klopft es plötzlich an die Tür. Herein stürmt die halbe Klasse von Sophia und überreicht ihr ein Geschenk. Sophia kommt aus dem Staunen gar nicht mehr heraus. „Super, dass ihr mich alle besucht! Und danke für die Knieschoner, die habe ich mir schon lange gewünscht!" Eine Freundin erzählt ihr: „Sei froh, dass du heute nicht in der Schule warst! Wir haben jede Menge Hausaufgaben bekommen." Als am Abend Sophias Eltern zu Besuch kommen, berichtet sie begeistert von ihrer netten Bettnachbarin, ihren Kameraden aus der 1b und dem tollen Geschenk. „Eigentlich ist es ja gar nicht so schlimm, im Krankenhaus zu sein", meint sie und lacht.

Auch Kuscheltiere können streiken!

„He, Niklas, spielst du mit uns?", ruft Emil, der Kuschelelefant. „Hmm, keine Zeit!", brummt Niklas nur und schnappt sich ein Computerspiel.
„So kann es nicht weitergehen!", seufzt Emil. „Susi, Tom, kommt doch mal her! Niklas hat kaum noch Zeit für mich! Früher hat er mich überall mit hingenommen. Jetzt kann ich froh sein, wenn ich noch mit in den Kindergarten darf!" – „Bei mir ist es ähnlich", meint Teddy Tom. „Ich liege schon seit Wochen herum. Niklas braucht mich nur noch zum Schlafengehen!" Auch Susi, die Gummischildkröte, beschwert sich: „Und ich bin höchstens für die Badewanne gut! Niklas hat einfach nur seine Computerspiele im Kopf."
Da hat Emil eine Idee. Die Kuscheltiere stecken die Köpfe zusammen und tuscheln. „Ja, das könnte funktionieren!", flüstert Tom schließlich.

„Niklas, ab in die Badewanne!", ruft seine Mama am Abend. „Ja, gleich", antwortet er. „Ich muss nur noch Susi Schildkröte holen." Aber von ihr fehlt jede Spur. Niklas wundert sich: „Komisch. Wo sie nur ist? Es ist richtig langweilig ohne sie in der Badewanne! Ich werd später mal Tom Teddy fragen." Doch auch der ist verschwunden. Langsam wird Niklas unruhig. Wie soll er ohne seinen Teddy bloß einschlafen?

„Emil, komm, es ist Zeit für den Kindergarten", ruft Niklas am nächsten Morgen. Nichts rührt sich. Da fängt er an zu suchen. Sein ganzes Zimmer stellt Niklas auf den Kopf. Nichts! Seine Kuscheltiere sind weg, einfach weg! Traurig setzt er sich auf sein Bett. Plötzlich tastet ein Rüssel nach seiner Hand. Jetzt spürt Niklas auch das weiche Fell von Tom Teddy. „Da seid ihr ja! Was war denn los?", ruft er erleichtert. „Wir haben uns versteckt, weil wir dachten, du brauchst uns nicht mehr!", erklärt Emil Elefant. „Hmm, vielleicht hab ich euch in letzter Zeit wirklich etwas vernachlässigt ...", gibt Niklas zu. „Aber das wird wieder anders, versprochen! Gleich heute dürft ihr alle mit in den Kindergarten, einverstanden?" Ist das eine Freude!

Das Fahrrad

„Mama, wann kriege ich denn endlich ein Fahrrad?", fragt Alexander. „Das kann schneller kommen, als du denkst." Er überlegt kurz und erklärt dann: „Aber wenn ich zu lange warten muss, bin ich schon alt und fahre ein Auto wie Papa. Dann brauch ich keins mehr!"
Plötzlich klingelt es an der Tür. „Na, wer mag das wohl sein? Komm, wir gucken mal nach", sagt seine Mutter.
„Das ist ja Papa!", ruft Alexander. „Was hast du denn da für ein großes Paket?", fragt er erstaunt. „Das ist für dich. Pack es doch aus!" Aufgeregt zerreißt Alexander das Packpapier. „Oh, toll! Ein gelbes Fahrrad mit grünen Kringeln! Und mit einem Gepäckträger und einer riesigen Klingel!" Am Lenker flattert eine kleine bunte Fahne, und am Hinterrad sind Stützräder festgeschraubt.

„Prima!", freut sich Alexander. „Danke, Mama, danke, Papa!" Er fällt seinen Eltern vor Freude um den Hals. „Jetzt musst du nur noch fahren lernen", erklärt sein Vater. „Komm, wir üben im Garten. Auf der Straße ist es zu gefährlich."
Alexander strampelt fröhlich los. Zuerst läuft sein Vater noch neben ihm her, aber bald fährt er ganz alleine. Eine Runde nach der anderen dreht Alexander ums Haus, am liebsten möchte er gar nicht mehr aufhören. „He, du Rennfahrer!", ruft seine Mutter. „Das Abendbrot ist fertig!"
„Och, schade", murmelt Alexander. Er saust über den Hof und stellt sein Rad in die Garage. „Gute Nacht, Fahrrad. Morgen fahren wir den ganzen Tag herum, einverstanden?"

Der verstopfte Flötenkessel

Pfft! Pffut! Es klappt nicht mehr, der Flötenkessel kann nicht mehr pfeifen!
„So ein Unglück! Bin ich überhaupt noch ein richtiger Teekessel, wenn ich nicht mehr pfeifen kann?", fragt er sich traurig.
Die Töpfe und Pfannen, Schüsseln und Teller und auch das Besteck hören, wie er jammert. Sie kommen herbeigeklappert und haben allerlei gute Ratschläge parat. „Du musst ordentlich drücken", sagt die Auflaufform. „Den Dreck packen und rausziehen", meint die Wurstzange. „Der Flöte muss man richtig eins auf den Deckel geben", erklärt eine Pfanne.
Der Kessel ist dankbar für die vielen Ideen. Er pustet, er pult und er klopft, aber nichts hilft. „Ich bin immer noch verstopft", weint er bitterlich. „Was soll ich bloß tun?" Die anderen wissen auch nicht mehr weiter.
Da hören sie plötzlich ein Plätschern. „Durchspülen! Ich sage: Durchspülen! Einen kräftigen Wasserstrahl rein und der Kessel kann wieder rumlärmen!" Es ist der Wasserhahn! An ihn hat niemand gedacht. Er meldet sich ja auch sonst nie. Steckt immer nur stumm in der Wand und guckt, was in der Küche passiert.

„Glaubst du wirklich, dass das funktioniert?", fragt ihn der Flötenkessel. „Na klar! Komm her, mach deinen Deckel weit auf und für den Rest sorge ich!" Der Kessel stellt sich mit offenem Deckel in das Spülbecken, schließt seine Augen und wartet ab. Auf einmal – zisch! – schießt ein Wasserstrahl in ihn hinein. Es brodelt heftig, und – wuusch! – strömt das Wasser zur Flöte wieder heraus.
„Das war's!", ruft der Wasserhahn. „Versuch's noch mal!" Der Flötenkessel springt auf die heiße Herdplatte. Kurze Zeit später kocht das Wasser in ihm und – pfüüüüüt! – ertönt ein schrilles Pfeifen. „Danke, lieber Wasserhahn!", freut sich der Kessel. Alle Küchengeräte jubeln und klappern und bewundern den Wasserhahn für seinen tollen Einfall. Und der wird doch glatt ein bisschen rot.

Wie viele Beine hat ein Wal?

„Meine Sandburg ist die schönste!", ruft Marco laut. „Ist ja gar nicht wahr!", erwidert Lukas. „Die schönste Sandburg ist meine!" – „Und meine erst. Die ist nicht nur die schönste, sondern auch die größte!", behauptet Jan. „Jungen sind echt doof", meint Sophie. „Die streiten sich um einen Haufen Sand, so was Blödes."
Das lassen die drei Freunde natürlich nicht auf sich sitzen und schreien durcheinander, damit Sophie weiß, dass sie super Sandburgen bauen. „Mädchen können überhaupt keine Sandburgen bauen, die sind zu ungeschickt", sagt Marco. „Stimmt nicht!", kreischt Sophie. „Doch!", behauptet Marco. „Die haben nämlich zu dicke Finger. So dicke wie die von einem Wal." – „Du Blödmann!", schreit Sophie. „Wale haben gar keine Finger." „Haben sie doch! Die haben ja auch Beine", sagt Marco. „Genau!", mischt sich jetzt Lukas ein. „Ich hab im Fernsehen gesehen, dass die an den Strand kommen, um in der Sonne zu liegen. Ohne Beine kann man nicht an den Strand gehen."
„Vierzehn Beine haben die, weil sie so schwer sind", weiß Jan.

Marco ist nicht einverstanden. „Nee, die haben vier! Genau wie jedes andere Tier." – „Spinnen haben sogar acht Beine, und das sind auch Tiere!", betont Jan. „Wale sind keine Spinnen!"
„Aber sie sind dick, und deshalb brauchen sie viele Beine!", ist sich Jan sicher. „Du bist auch dick, und du hast nur zwei Beine." – „Ich bin nicht dick!", mault Jan. „Bist du wohl!", lacht Marco. Und – rums! hat Jan ihm eine geklebt. Sofort prügeln sich die drei Freunde und walzen dabei ihre Sandburgen platt. „Oje, was sind Jungen doof", denkt Sophie und geht weg. „Aber ich möchte doch gerne wissen, wie viele Beine ein Wal hat."

Onkel Hermann und das Puppentheater

Anne hat Geburtstag und Onkel Hermann ist extra aus Berlin gekommen. „Da organisiere ich für dich und deine Gäste eine super Puppentheatervorstellung!", sagt er. „Nachmittags, auf dem Rasen hinterm Haus."
Und wirklich, als die Kinder in den Garten gehen, stehen dort eine große Puppenbühne und eine Menge Klappstühle. Sie setzen sich und schon beginnt die Vorstellung.
Zuerst erscheint der Kasper. „Tritratrullalla, tritratrullalla, der Kasper, der ist wieder da", singt er fröhlich. Doch plötzlich taucht das grüne, gefräßige Krokodil auf und knurrt: „Endlich hab ich dich. Dieses Mal entkommst du mir nicht!" Der Kasper flüchtet quer über die Bühne. Das Krokodil faucht und saust hinter ihm her.
Doch auf einmal bleibt der Kasper stehen. Das Krokodil bremst und fragt: „Gibst du auf, Kasper?" – „Auf keinen Fall", antwortet der. „Hier wartet nämlich eine Überraschung auf dich, du böses Krokodil!" Er holt seine bunte Holzklatsche hervor und drischt – patsch, patsch! – auf den Bösewicht ein. Der jammert: „O weh, lass mich in Ruhe! Ich will dir auch nie wieder etwas Böses antun!"

In dem Moment ertönt zusammen mit einem kräftigen Patsch ein lautes Aua! Das Krokodil verschwindet. Eine Hand taucht auf, jetzt erscheint Onkel Hermanns Kopf. „Aua, aua!", johlt der Onkel. Dann fängt er an zu pusten. Er hat sich doch tatsächlich selber auf die Finger gehauen!
Plötzlich beginnt die gesamte Bühne zu wackeln. „Achtung!", ruft Anne. „Das Theater stürzt ein!" Und richtig: Mit lautem Krach und Getöse bricht alles zusammen. Onkel Hermann liegt inmitten der Trümmer, auf der rechten Hand den Kasper und auf dem linken Fuß das Krokodil. „Hiermit ist die Vorstellung beendet", murmelt er. Aber niemand hört ihn, denn die Kinder lachen so laut, dass sogar die Nachbarn über die Hecke gucken, um zu sehen, was da los ist. Ein echter Supergeburtstag!

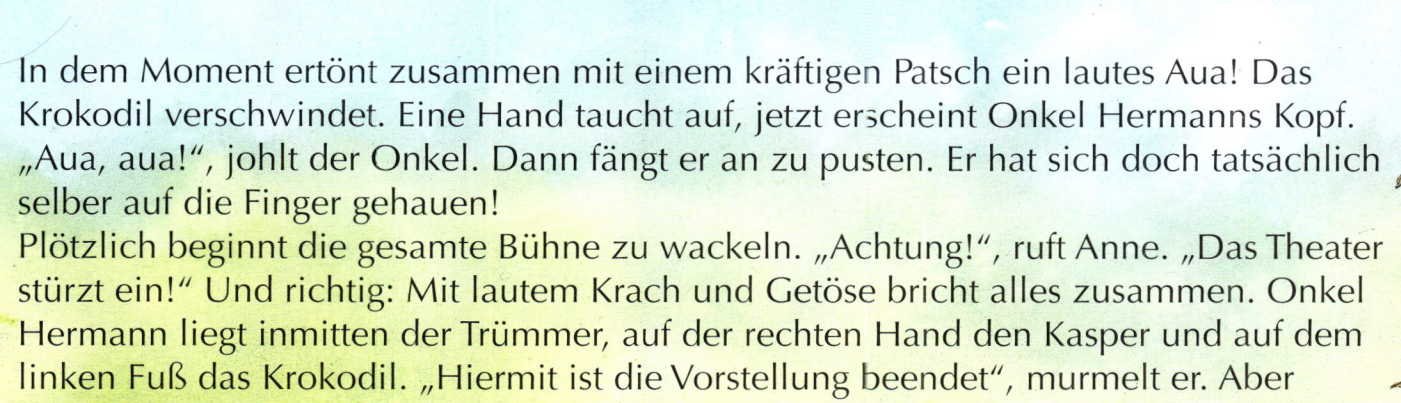

Katharina auf dem Dachboden

Wenn man krank ist und keinen Besuch bekommt, dann ist das ganz schön langweilig. Katharina fühlt sich gar nicht mehr krank, aber trotzdem darf niemand sie besuchen. „Mama hat gesagt, das sei eine ansteckende Kinderkrankheit", beklagt sie sich bei ihrem Teddybären. „Ich darf eine Woche lang nicht in den Kindergarten. Und mich darf auch keiner besuchen." Das hatte ihr jedenfalls der Arzt erklärt.
Aber mit der Zeit macht das Im-Bett-Liegen doch keinen Spaß mehr und sie beschließt, zusammen mit ihrem Teddy auf dem Dachboden nach einem Schatz zu suchen. Zum Glück ist die Mutter gerade zum Einkaufen gefahren, da ist Katharina ganz allein im Haus, und keiner kann ihr etwas verbieten. Sie schlüpft in ihre Hausschuhe, schnappt sich den Teddy und geht die Treppe zum Dachboden hinauf.

„Hier ist es aber dunkel", murmelt sie und presst den Bären fester an sich. Als sie den Lichtschalter drückt, tut sich nichts. Die Birne ist kaputt. Vorsichtig tastet sie sich vorwärts. Mit dem Fuß stößt sie gegen eine Truhe. „Aua!" Plötzlich raschelt es irgendwo. Katharina bleibt stocksteif stehen. „Wer ist da?", fragt sie ängstlich. Aber niemand meldet sich. Langsam geht sie weiter. Da hört sie wieder ein Rascheln, und irgendwas piepst in der Nähe. Auf einmal huscht eine Maus über Katharinas Fuß. Das ist zu viel für sie. „Mama!", schreit sie, läuft schnell zur Tür, reißt sie auf und rennt die Treppe hinunter. In null Komma nix ist sie wieder in ihrem Bett und versteckt sich zusammen mit dem Teddy unter der Decke. Ob die Maus wusste, dass Katharina krank ist und eigentlich ins Bett gehört?

Ich bin auch noch da!

„Guck mal, Tante Luise. Das ist meine neue Puppe Susi." Maria zupft ihre Tante am Ärmel. „Wie? Ah ja, sehr schön, Maria!" Dann dreht sie sich um und redet weiter mit Marias Eltern. „Euer kleiner Lukas ist aber niedlich!" – „Da sind Märchen drin!", ruft Maria und hält ein Bilderbuch hoch. „Nun lass Tante Luise doch mal in Ruhe", schimpft ihre Mutter. „Du siehst doch, dass sie mit Lukas spielt!"
Maria läuft in ihr Zimmer. „Immer nur Lukas, der schreit doch nur. Keiner hat für mich Zeit. Da kann ich ja gleich weglaufen!", schluchzt sie. Maria nimmt ihre Puppe Susi in den Arm und schleicht sich in den Garten hinaus. Hinter einem großen Busch versteckt sie sich. „Hier findet mich bestimmt niemand", denkt sie und setzt sich hin.
Als es dunkel wird, hört sie ihre Eltern rufen: „Maria! Maria, wo bist du?" Aber sie gibt keinen Mucks von sich und macht sich sogar noch kleiner, damit sie keiner sehen kann.

Plötzlich hört Maria, wie das Auto angelassen wird. „Mama und Papa fahren weg!", ruft sie erschrocken. Sie krabbelt hinter dem Busch hervor und läuft ins Haus. Im Wohnzimmer sitzt ihre Mutter, hält Lukas im Arm und weint. „Mama, was ist denn?", fragt Maria. „Maria! Da bist du ja!", ruft die Mutter. „Papa ist losgefahren, um dich zu suchen! Wir haben uns solche Sorgen um dich gemacht! Wo warst du nur?" Auf einmal lacht Maria. „Ich dachte schon, keiner hat mich mehr lieb!" Da macht Lukas die Augen auf, schaut Maria an und lächelt. „Siehst du? Er freut sich auch, dass du wieder da bist, denn er hat dich genauso lieb wie Papa und ich", sagt die Mutter. Dann gibt sie ihr einen dicken Kuss. „Ich laufe bestimmt nie mehr weg!", ruft Maria, kuschelt sich an ihre Mutter und drückt Lukas ein Küsschen auf die Stirn.

Onkel Hermann baut eine Brücke

Anne und Matthias spielen am Graben. Sie haben einen Hafen für ihr Segelboot angelegt und wollen jetzt noch den Landungssteg bauen. „Wofür braucht ihr den?", fragt auf einmal jemand. Es ist Onkel Hermann aus Berlin. „Für die Passagiere, die an Land gehen wollen", erklärt Matthias.

„Na, ihr müsst aber auch noch eine Brücke errichten. Jeder ordentliche Hafen hat eine Brücke. Sonst kann man ja gar nicht ans andere Ufer", sagt ihr Onkel. „Meinst du wirklich?" Anne glaubt ihm nicht. „Selbstverständlich! Ich helfe euch dabei. Die wird super, wartet nur ab!"

Rechts und links steckt er dicke Pfähle in den Boden. Die verbindet er mit Seilen. „So! Schön straff ziehen und dann die Fahrbahn dranhängen!" Matthias und Anne staunen, ihr Onkel ist ja ein richtiger Baumeister! Das haben sie nun doch nicht von ihm gedacht.

Bald ist die Brücke fertig. „Soll ich euch mal zeigen, wie stabil die ist?" – „Na klar!", antworten Anne und Matthias. Vorsichtig steigt Onkel Hermann auf die Fahrbahn. Er setzt langsam einen Fuß vor den anderen. Alles bebt und wackelt, aber nichts stürzt ein. „Oh, toll!", ruft Anne. „Die hält ja wirklich!" „Wenn ich etwas baue, dann hält das immer! Garantiert!", meint der Onkel stolz. Und zum Beweis springt er auf und ab.
„Vorsicht!", schreit Matthias plötzlich. Aber da ist es schon passiert: Die Seile reißen, die Bretter krachen und mit einem lauten Knirsch! bricht die ganze Brücke zusammen! Und Onkel Hermann? Der sitzt – platsch! – im Graben! Pitschenass ist er nun, von oben bis unten!
„Hahaha!", lachen Anne und Matthias, sie können gar nicht mehr aufhören. Onkel Hermann steht wieder auf, schüttelt sich und murmelt: „Äh, zu Hause warten sie mit dem Abendessen. Wir sollten wohl besser gehen." Wer hätte gedacht, dass Brückenbauen so lustig sein kann?

Markus langweilt sich

Markus ist mit der Familie im Schwimmbad. „Ich will braun werden", sagt seine große Schwester Anna und legt sich hin. Und die Eltern? Die unterhalten sich leise und beachten ihn gar nicht.
„Puh, wie langweilig", denkt Markus. „Alleine im Sand spielen macht keinen Spaß. Braun werden will ich auch nicht. Und Mama und Papa reden die ganze Zeit zusammen." Er nimmt sich sein großes Plastiksegelboot und geht zum Kinderbecken. „Hu, ein mächtiger Sturm zieht auf!", ruft er und macht so starke Wellen, dass das Schiff fast kentert. „Die Matrosen haben Angst!" Aber eine Welle war wohl doch zu hoch. Das Boot läuft voll Wasser und sinkt. „Macht auch keinen Spaß", murmelt Markus und setzt sich auf den Beckenrand, sein Segelboot neben sich. Er sieht sich um. Vater und Mutter sprechen immer noch miteinander, und Anna liegt mit geschlossenen Augen auf dem Rücken und sonnt sich.

„Ich habe eine Idee!" Markus springt auf, nimmt vorsichtig sein Boot, das voll mit Wasser ist, und schleicht sich an Anna heran. Keiner sieht ihn kommen. Als er ganz dicht neben ihr steht, dreht er langsam das Boot um – platsch! „Iih!", kreischt sie und schlägt wild um sich. Die Eltern haben auch ein paar Spritzer abbekommen. „Was soll das?", fragt der Vater ärgerlich. „Er hat mir Wasser auf den Bauch geschüttet!", schreit Anna wütend. Markus schüttelt sich vor Lachen.
Jetzt fängt sogar Anna zu prusten an und lacht und lacht, bis sie fast keine Luft mehr bekommt. „Los", sagt sein Vater und grinst, „wir spielen zusammen mit deinem Schiff. Sonst bin ich der Nächste, der eine Dusche bekommt." So hat Markus es doch noch geschafft, dass er nicht alleine spielen muss.

Die rasende Lara

„Alle Mann einsteigen, der Ferienexpress Richtung Sommerrodelbahn fährt sofort ab!" Lara klettert lachend in ihren Autositz. „Papa, du sagst immer so komische Sachen!" – „Es ist verboten, mit dem Piloten während des Fluges zu sprechen!", antwortet ihr Vater todernst und startet den Wagen. „Hahaha!" Lara lacht und die Mutter prustet laut.

Schon bald sehen sie die große Rodelbahn, die sich den Berg hinunterschlängelt. „Die ist aber lang!", staunt Lara. „Ja, gar nicht schlecht, was?", stimmt der Vater zu. „Und da wollt ihr beide wirklich runterfahren?", fragt ihre Mutter. „Na klar! Ich hab keine Angst!", ruft Lara.

Lara und ihr Vater steigen die Treppen hoch bis ganz nach oben, wo die Schlitten abfahren. Jetzt wird es Lara doch ein bisschen mulmig. „Puh, das ist ja ganz schön hoch." – „Möchtest du lieber wieder runter?", fragt der Vater. „Nein!", antwortet sie tapfer. Und dann sind sie auch schon an der Reihe.

Lara setzt sich vorne auf den Schlitten und ihr Vater hinter sie. „Gut festhalten! Und ab geht die Post!"
Zuerst rollen sie langsam den Berg hinunter, aber dann werden sie immer schneller. Hui, rein in die erste Kurve! „Hurra!", schreit Lara. Dann eine kleine Steigung, der Schlitten wird etwas langsamer. Aber nur, um danach noch schneller bergab zu rasen. Und in die nächste Kurve, zisch! Hoch, runter! Wieder einer Kurve! Immer schneller und schneller! Lara jauchzt und kreischt. So ein Spaß! Auf einmal rüttelt es kräftig und der Schlitten bremst ab. „Da wären wir!", ruft der Vater.
Die Mutter wartet am Ausgang. „Na, wie war's?", fragt sie. „Klasse!", freut sich Lara. „Super! Können wir noch einmal fahren?" Ihr Vater guckt erstaunt. „Na, gut. Einmal noch, aber dann habe ich genug!", schmunzelt er.

Eine Hexe ohne Zauberstab ...

Im Hexenkindergarten ist ein besonderer Tag. Morgen findet die große Zaubervorstellung statt, und dazu sind alle Eltern eingeladen.
„Mein Zauberstab ist weg!", ruft auf einmal die kleine Elfi. „Ich hab schon überall gesucht." – „Oho!", sagt Frau Besenstiel, die Leiterin. „Du weißt doch genau: Eine Hexe ohne Zauberstab ..." – „... ist keine Hexe!", ergänzen die anderen Kinder. Elfi ist traurig. Ohne ihn kann sie nicht zaubern. Wie soll sie da an der Vorstellung teilnehmen? „Dabei habe ich so lange geübt", denkt sie. Plötzlich hat sie eine Idee: „Ich suche in Frau Besenstiels Hexenbuch den Findespruch und zaubere in null Komma nichts meinen Stab zurück."
Gesagt, getan. Elfi schleicht sich in Frau Besenstiels Zimmer. Als sie den Spruch endlich im Buch findet, murmelt sie ihn leise vor sich hin: „Inde, zinde, minde, was ich nicht alles finde!" Ein paar Handbewegungen ... schwups! – steht eine Ziege auf dem Schreibtisch und meckert laut.

Im nächsten Augenblick erscheint auch schon Frau Besenstiel in der Tür. „Elfi!", donnert ihre Stimme. Da sieht sie die Ziege und fängt an zu lachen: „Na, etwas ist dir wohl danebengegangen!" Dann sagt sie den Findespruch, und puff! ist an Stelle der Ziege Elfis Zauberstab auf dem Tisch.
„Du hast Glück gehabt, dass nichts Schlimmeres passiert ist", erklärt Frau Besenstiel. „So ein Erwachsenenzauberspruch kann für Kinder nämlich ganz schön gefährlich werden."
Dann gehen sie zurück zu den anderen. Und zum Dank zaubert Elfi für Frau Besenstiel einen superschönen Blumenstrauß. Das lernen die Hexenkinder nämlich als Erstes.

Die Fee Emilia

Jedes Kind weiß, dass eine Fee zaubern kann. Aber wer weiß schon, dass Feen unglaublich gerne Marzipanschokolade essen? Julia jedenfalls nicht. Und deshalb lässt sie am Abend auch einfach die Reste ihrer Geburtstags-feier in der Küche stehen.

Spät in der Nacht, als schon alle schlafen, erscheint die kleine Fee Emilia in Julias Zimmer. „Alles Gute zum Geburtstag", flüstert sie und berührt Julia sanft mit ihrem Zauberstab. Zum Glück können Feen lautlos schweben, sonst würde diese Fee mindestens so laut brummen wie eine Hummel. Sie ist nämlich ganz schön dick und rund.

Emilia fliegt in die Küche und sieht sich ein wenig um. „Hoppla!", denkt sie. „Da liegt ja Schokolade auf dem Tisch. Schön, dass bei Kindergeburtstagen immer ein bisschen übrig bleibt." Sie stürzt sich auf die süßen Sachen und mampft, was das Zeug hält. „Oh, mhh, lecker! Da ift ja Martfipanfokolabe babei", schmatzt sie begeistert und isst doch tatsächlich alles auf! Aber, o weh, was ist das? Die kleine dicke Fee sackt wie ein Stein auf den Tisch und kann sich kaum noch rühren!

„Ups, ich hab wohl zu viel gegessen!", überlegt sie. Und als sie zu fliegen versucht, kommt sie keinen Zentimeter von der Stelle. Arme Emilia! Sie muss beim ersten Sonnenstrahl wieder zu Hause im Feenland sein, sonst wird es ihr schlecht ergehen! „Was tun?", fragt sie sich. „Am besten, ich mache Gymnastik! Dann verliere ich ein paar Gramm und kann wieder fliegen." Mit Mühe und Not kommt sie auf die Beine und macht eine Kniebeuge nach der anderen. Das sieht zwar lustig aus, aber es ist mächtig anstrengend! Schließlich schafft Emilia es und kann in allerletzter Sekunde zurück ins Feenland schweben.

Also, wenn du nicht willst, dass so eine kleine Fee zu viel nascht und sich danach schrecklich schinden muss, dann solltest du deine Marzipanschokolade immer gut wegräumen!

Der wundersame Rosinenkuchen

Vor langer Zeit gab es in einem ganz weit entfernten Land einen großen Wald. In dem lag ein kleines Dorf. Darin lebten Zwerge, die immer guter Laune waren und sich oft lustige Streiche spielten. Die ulkigsten von allen dachte sich Blasius, der Zauberer, aus. So auch, als Klothilde einen ihrer sehr berühmten und total leckeren Rosinenkuchen backte.

„Mhh, das duftet ja herrlich, liebe Freundin!", rief Blasius und blieb vor dem Küchenfenster stehen. „Ich backe gerade einen Rosinenkuchen", erklärte Klothilde. „Aber komm doch herein und trink eine Tasse Zimttee mit mir." Blasius ließ sich nicht zweimal einladen und saß bald an ihrem Küchentisch. Plötzlich sprang Klothilde erschrocken auf und rief: „Beim grünbärtigen Baumgeist! Heute Abend kriege ich Besuch und mir fehlt noch Blaubeerenwein! Blasius, könntest du auf meinen Kuchen aufpassen, während ich zwei Flaschen Wein hole? Es dauert nicht lange."

„Na selbstverständlich! Das ist überhaupt kein Problem! Geh ruhig."

Kaum hatte Klothilde das Haus verlassen, da streute Blasius magisches Pulver auf den Rosinenkuchen, sagte einen Zauberspruch und setzte sich dann wieder an den Tisch zu seiner Tasse Zimttee. Als sie zurückkam, verabschiedete er sich schnell und ging.

Kurze Zeit später zog sie den Kuchen aus dem Backofen. „Das wurde aber auch Zeit! Mir ist mächtig heiß geworden in dem dunklen Loch!"
„Hat da jemand gesprochen?", fragte Klothilde laut und schaute sich um. Aber sie konnte niemanden entdecken. „Ja, ich habe etwas gesagt!" Die Stimme kam vom Tisch. „He! Ich rede mit dir!", rief der Rosinenkuchen. Der Rosinenkuchen? Seit wann können Kuchen denn sprechen? „Du kannst reden?", fragte Klothilde verblüfft. „Das hörst du doch, oder?", meinte der Kuchen. „Und jetzt sei bitte so freundlich und geh vom Fenster weg. Ich will hinaus in die Welt fliegen und Abenteuer erleben." Dann schoss er – schwups! – durch das Fenster davon! Klothilde stand da und sah ihm mit weit offenem Mund hinterher. Blasius schaute dem Rosinenkuchen auch nach. Und er lachte dabei so laut, dass es alle Zwerge im Dorf hören konnten.
Das war wieder ein typischer Blasius-Streich!

Heidi Hase feiert Geburtstag

„Der Möhrenkuchen ist wunderschön geworden", freut sich Mutter Hase und stellt ihn auf den Tisch. Heidi Hase kniet auf dem Boden und knetet aus Marzipan kleine Radieschen. „Damit verziere ich meinen Kuchen!", ruft sie begeistert. „Meine Freundinnen werden staunen."
„Hast du sie denn eingeladen?", fragt die Mutter. Oje, das hat Heidi vergessen! Die Briefchen liegen noch auf der Kommode.

Der Bruder Harry kommt mit seinem Ball hereingehoppelt. „Bring doch bitte die Einladungen zu Hanni und Herta Hase", sagt Heidi. „Ich habe nämlich schrecklich viel zu tun."

Aber Harry möchte lieber Ball spielen – und die beiden Hasenmädchen wohnen im allerletzten Hasenhäuschen. „Das ist viel zu weit", denkt Harry. Er wirft den einen Brief durchs offene Fenster zu Maxl Dachs und den anderen bei Liesl Wiesel gegenüber ein.

Am Nachmittag zieht Heidi Hase das kohlrabigrüne Kleidchen mit den karottenroten Schleifen an.
Sie wartet aufgeregt. „Wann kommen denn Hanni und Herta endlich?"

Plötzlich fliegt die Tür auf. Maxl Dachs und Liesl Wiesel stürmen herein. „Viel Glück zum Geburtstag!"
Sie bringen als Geschenk einen knackigen Salatkopf mit. Heidi und Mutter Hase sind überrascht.

Max und Liesl springen aufs Sofa und wollen schon vom Kuchen naschen. „Nicht so stürmisch!", ruft Mutter Hase. „Bei uns geht es manierlich zu." Und wo ist Harry? Hinter dem Lehnstuhl schaut sein Ohr hervor. Daran zieht ihn seine Mutter. „Au!", schreit er. „Ich hole ja gleich Hanni und Herta."

Jetzt sind auch Hanni und Herta da. Sie bewundern den schön verzierten Kuchen. Die Tierkinder kauen und schmatzen, und bald ist kein einziges Krümelchen mehr übrig.

Maxl Dachs und Liesl Wiesel wissen tolle neue Spiele. Alle toben und kullern durcheinander, und Mutter Hase hält sich den Bauch vor Lachen. „Das war mein lustigster Geburtstag", sagt Heidi Hase am Abend. „Und nächstes Jahr laden wir Maxl und Liesl wieder ein, ja?"

Die Angstmaus Molli

„Ich möchte mir gern das Speckmuseum in Ratzenhausen anschauen", sagt Vater Mäuserich über die Landkarte gebeugt. „Im nächsten Urlaub fliegen wir hin." – „Wunderbar!", ruft Mutter voll Freude.
„Nein!", schreit Molli Maus. „Ich hab Angst vorm Fliegen."

Sie flitzt in den Garten, setzt sich auf die Schaukel und schaukelt ein bisschen. „Fliegen? Niemals!", denkt sie.
Da guckt die hinterlistige Milli Wühlmaus über den Zaun. „Soll ich dich anschubsen?", fragt sie. „Ja, gern", meint Molli Maus, „aber nicht zu hoch. Ich hab Angst vorm Fliegen."

Milli Wühlmaus gibt Molli zuerst einen kleinen und dann einen großen Schubs. „Aufhören!", brüllt Molli. Aber schon fliegt sie in hohem Bogen von der Schaukel und landet auf einem Blatt der Sonnenblume.
„Was bist du nur für eine Angstmaus, Molli!", lacht Mia Meise und beißt einen Sonnenblumenkern auf.

„Ich ... ich hab solche Angst vorm Fliegen", bibbert die kleine Maus. „Du bist doch gerade geflogen", sagt Mia Meise. „War das so schlimm?" – „Nein, eigentlich ganz schön", gibt Molli zu. „Dann drehn wir eine Runde", meint Mia. „Komm, setz dich auf mich." Tapfer klettert Molli auf Mias Rücken.

„Festhalten!", ruft Mia Meise, und schon fliegen sie in den blauen Himmel und über die Landschaft dahin. „Da unten ist unser Mäusehaus! Juhu! Fliegen ist super!", jauchzt Molli. „Na, siehst du", meint Mia. Nun ist der Rundflug zu Ende.
Mia Meise setzt Molli auf dem Fensterbrett ab. „Fliegen ist toll, Mama!", ruft Molli in die Küche hinein. „Ich freu mich schon auf den Urlaub." – „Wunderbar", lächelt Mutter Maus.

Fredi und Ferdi Fuchs ärgern Ida Igel

Die Sonne geht auf. Ida Igel kommt von ihrem Nachtspaziergang nach Hause. Sie hat sich ein wenig verspätet, weil sie unterwegs noch ein paar Äpfel gefunden hat.

Die Igeleltern liegen schon in ihren Bettchen. Sie warten auf Ida. „Jetzt aber marsch in die Federn!", sagt Mutter Igel.
„Huaaah, bin ich müde!", gähnt Ida. Sie isst noch schnell einen Apfel und kriecht – husch! – unter die Decke. Bald ist sie eingeschlafen.

Fredi und Ferdi Fuchs, die beiden frechen Brüder, schauen zum Fenster herein. „He, Ida! Wach auf! Wir wollen mit dir spielen." – „Ach, lasst mich doch in Ruhe", murmelt Ida im Schlaf. Aber die frechen Füchse denken nicht daran. Sie kitzeln das kleine Igelmädchen mit zwei langen Grashalmen am Näschen und kichern. Davon werden die Igeleltern wach.

„Geht nach Hause!", ruft Vater Igel ärgerlich. Fredi und Ferdi lachen nur und hören nicht auf, Ida zu ärgern. Da flüstert Mutter Igel dem Vater etwas ins Ohr und sagt verschmitzt: „Kommt heute Abend wieder, da gibt's eine tolle Überraschung." – „Das hört sich gut an", meinen die Füchse und trollen sich davon. Was mag sich die Igelmutter ausgedacht haben?

Am Abend kommen Fredi und Ferdi Fuchs ins Igelhaus. „Wo ist denn die tolle Überraschung?", fragt der freche Ferdi neugierig. „Wart es nur ab", lacht Ida Igel, „ihr dürft euch derweil auf unsere neuen modernen Stühle setzen." – „Das sind aber ulkige Hocker", wundert sich Fredi.

Das stimmt. Sie sind rundlich und darüber sind bunte Decken gelegt. „Setzt euch vorsichtig darauf, sonst gehen sie kaputt", bittet Ida. Da lassen sich die frechen Füchse besonders fest darauf fallen. Doch ... „Aua, aua!", brüllen sie und springen wie verrückt in die Höhe.

Und unter den bunten Decken kommen laut lachend Vater und Mutter Igel hervorgekrochen. Ferdi und Fredi schimpfen und halten sich den Po. Na, so schlimm kann es nicht gewesen sein, denn Füchse haben ja ein dickes Fell. Aber die kleine Ida haben sie jedenfalls nicht wieder geärgert.

Der schwere Rucksack

„Hurra! Ferien!", rufen die Tierkinder und rennen aus der Schule. Sie beraten, was sie in den Ferien alles anstellen könnten.
„Fußball spielen", sagt Billy Bär. Aber Heidi Hase schüttelt den Kopf: „Das kann ich leider nicht." – „Leute ärgern", feixen Ferdi und Fredi Fuchs.
„Ich weiß was", piepst Molli Maus. „Wir machen einen Ausflug!"
„Ui, prima!" Alle sind begeistert von dieser Idee. Nur der faule Kater Karli mault: „Da geh ich nicht mit. Ich hab Schnupfen. Hatschi!"

Er hat sich aber doch überreden lassen, und am anderen Morgen steht auch der faule Karli mit seinem Rucksack am Treffpunkt beim Kirschbaum.

Sie laufen im Gänsemarsch über die Wiesen und singen: „Wir sind lustig, trallala, heißadi und hopsasa ..."
Karli Kater bleibt plötzlich stehen. „Ich geh nicht weiter. Ich hab Hunger."
„Ich auch! Ich auch!", rufen die Füchse.

Sie setzen sich alle unter einen Holunderbusch und packen ihre Rucksäckchen aus. Was für köstliche Dinge haben da ihre lieben Mütter eingepackt!

Nach der Pause tollen sie auf der Wiese herum. Nur der faule Kater bleibt im Gras liegen. „Los, weiter!", ruft Liesl Wiesel nach einer Weile.

Jetzt gehen sie über einen kleinen Hügel. Billy Bär schwitzt. „Ach, ist mein Rucksack schwer!", stöhnt er.
„Meiner nicht", piepst Molli Maus. „Ich hab mein ganzes Käsebrot aufgegessen."
„Hatschi!", niest jemand ganz in der Nähe. Und noch einmal: „Hatschi!"

„Nanu, das kommt doch aus meinem Rucksack", wundert sich der Bär. Dann geht ihm ein Licht auf. „Na warte!" Am Ufer des Waldsees nimmt Billy Bär seinen Rucksack ab. „Kinder, alle mal herschauen!" Und mit einem großen Schwung wirft er ihn – platsch! – ins Wasser.

Und wer kommt prustend herausgekrabbelt? Der faule Karli Kater! Mit einem Satz springt er ans Ufer und schüttelt sich. „Brrrrr." – „Das geschieht dir recht, du Faulpelz", lachen die Tierkinder. Singend wandern sie nach Hause und Karli trottet tropfend hinterdrein. „Puh, ist das Wasser aber nass! Hatschi!"

Kathi Naschkatze

Die Katzenkinder gehen heute zu ihrer Oma. „Lass mich die Törtchen tragen, Kurti", bettelt Kathi Katze. Aber der Kater sagt: „Kommt nicht in Frage! Du willst ja nur welche davon essen, du Naschkatze."

„Wie schön, dass ihr mich besucht, Kinder!", freut sich Oma Katze.
„Ich habe gerade einen Pudding gekocht. Vorsicht, er muss noch ein bisschen auskühlen!"

„Prima! Schokoladenpudding!", rufen die Katzenkinder. Und schon steckt Kathi ihr Pfötchen in die Schüssel. „Au! Heiß!" – „Das tut man ja auch nicht", meint die Oma.

„Kommt, helft mir im Garten den Tisch decken", bittet sie die Katzenkinder. Kurti nimmt den Korb mit den Hörnchen, Kathi trägt das Glas mit Erdbeermarmelade. Und – schwupp! – gleich holt sie eine Pfote voll heraus.

Die Oma tut so, als würde sie nicht sehen, dass Kathis Mäulchen rot verschmiert ist. „Na warte", denkt sie, „dir werde ich das Naschen schon noch abgewöhnen!"
Sie stellt Teller, Tassen und die Zuckerdose auf den Tisch. „Nicht naschen!", mahnt sie Kathi und grinst dabei so komisch.

Aber Kathi hört nicht. Sie nimmt einen Löffel voll Zucker, leckt daran und ... „Iiih!", schreit sie und prustet und spuckt. „Das ist ja Salz!"
Kurti kippt vor Lachen fast vom Stuhl. „Das kommt davon! Hahaha, Oma, das war ein toller Trick!" Ob Kathi an diesem Nachmittag noch einmal genascht hat?

Der Streit um die Wurst

Holgi und Hedi Hund sitzen unter einem Baum und spielen „schwarzer Peter". Da kommt Bulli, der Fleischerhund, vorbeigeradelt. Auf seinem Gepäckträger steht ein Korb, hoch beladen mit Würsten.

„Hallo, Freunde!", ruft er. „Hallo, Bulli!", rufen die Hundekinder. In dem Augenblick fällt eine große Wurst aus dem Korb und kullert ins Gras. Fleischerhund Bulli hat nichts bemerkt. Er ist längst weitergefahren.

„Das ist meine Wurst!", sagt Holgi Hund. „Nein, meine", widerspricht Hedi. Aber wo ist die Wurst? Die Hündchen suchen auf der Wiese und am Wegrand.

Jetzt sieht Holgi etwas Rotes zwischen den Brennnesseln liegen. „Dort ist die Wurst!", ruft er. „Hasenfuß", sagt Hedi und zieht die Wurst vorsichtig zwischen den Brennnesseln hervor.
„Es ist meine Wurst! Ich hab sie zuerst gesehen!", schreit Holgi. Hedi schreit dagegen: „Und ich hab sie rausgeholt!"

„Ruhe! Könnt ihr mich nicht schlafen lassen?" Vom Baum fliegt Elli Eule herunter. Sie hat ein Messer mitgebracht und schneidet die Wurst in der Mitte durch. „Davon werdet ihr doch beide satt", meint sie.

Holgi und Hedi schämen sich. Sie setzen sich unter den Baum und beißen in die Wursthälften. „Eigentlich gehört uns die Wurst ja gar nicht", murmelt Holgi. „Hm", macht Hedi.

Auf einmal kommt Fleischerhund Bulli um die Ecke geradelt. „Hallo, Freunde! Habt ihr eine Wurst gefunden?" Die Hundekinder sind erschrocken. Nur noch zwei winzige Zipfelchen schauen aus ihren Schnäuzchen!
„Aha", lacht Bulli, „Hauptsache, sie hat euch geschmeckt. Aber das nächste Mal werden Fundsachen abgeliefert, verstanden?"

Der Apfeldieb

Andrea hat zusammen mit ihrem Vater im Garten ein Zelt aufgebaut. Jetzt ist sie mächtig aufgeregt, denn heute darf sie mit ihrer Freundin Susanne darin übernachten. Sie richtet die Schlafsäcke und Kissen her, hängt eine Lampe auf und stellt eine Schüssel mit Äpfeln fürs Frühstück bereit.
Als es dunkel wird, gehen Andreas Eltern schlafen. „Wenn irgendetwas sein sollte, dann kommt ins Haus. Ich lasse die Terrassentür angelehnt!", sagt die Mutter. „Was soll denn sein, Mami!", seufzt Andrea. Diese Mütter!
Endlich ist alles still. Andrea und Susanne liegen in ihren Schlafsäcken. Wie dunkel es doch plötzlich ist! Andrea rückt ein bisschen näher an die Freundin heran. „Du hast wohl Angst!", neckt sie Susanne. Andrea schüttelt heftig den Kopf. Was heißt da Angst? Sie ist doch kein Baby mehr!
Aber was ist das für ein Geräusch? Irgendetwas raschelt und schnüffelt im Vorzelt herum. Jetzt wird es auch Susanne unheimlich. „Hörst du das? Was kann das bloß sein?", fragt sie leise. „Wir müssen ins Haus! Mama hat doch die Tür offen gelassen!", wispert Andrea zurück.

Aber wie sollen sie an dem schrecklichen Schnüffler dort draußen vorbeikommen? Keine der beiden wagt sich aus dem Schlafsack heraus!
Andrea will schon anfangen zu weinen, da hört sie Papas Stimme. „Na, ihr beiden, alles in Ordnung?" Er steckt den Kopf zur Zelttür herein und grinst. „Habt ihr den Igel auch gehört? Der hat gerade euren Apfelvorrat geplündert!" Da fällt den beiden ein Riesenstein vom Herzen. Ein Igel! Vor dem brauchen sie ja wirklich keine Angst zu haben.

Diese verflixte Möhrentorte!

Jens ist wütend. Jens ist sogar ganz fürchterlich wütend. Jens ist so wütend, dass er am liebsten die Geburtstagstorte vom Tisch gefegt hätte.
Und warum? Er hatte sich eine Gummibärchentorte gewünscht, und seine Mutter hat ihm einen Möhrenkuchen gebacken. Mit Schokoladenüberzug zwar, aber ohne Gummibärchen. Mutter findet nämlich, dass Jens sowieso zu viel Süßes isst.
Jens ist außer sich vor Zorn. Auch die Geschenke können ihn nicht trösten. Das Schlimmste daran ist, dass jetzt seine Freunde diese doofe Möhrentorte essen müssen! Ohne Gummibärchen! Was sollen sie bloß von ihm denken?

Da klingelt es auch schon, und Denis kommt. Er schenkt ihm ein Buch über Dinosaurier – und eine Tüte Gummibärchen. Kurz darauf taucht Selim auf. Er bringt ein Spiel mit – und Gummibärchen. Als dann noch Oliver mit einem Rennauto und Gummibärchen anrückt, muss Jens schon fast wieder lachen. So viele Gummibärchen auf einmal! Da wird seine Mutter Augen machen!

Die Kinder setzen sich an den festlich gedeckten Tisch. Die Möhrentorte mit dem Schokoladenguss und den sechs brennenden Kerzen sieht eigentlich ganz gut aus. Jens legt jedem ein Stück auf den Teller.
„Mhh, deine Mutter hat wieder die tolle Möhrentorte gebacken! Super!", freut sich Denis und schiebt ein Riesenstück in den Mund. Im Nu haben die drei aufgegessen und wollen sogar ein zweites Stück von dem Kuchen haben!
Da kommt Mutter dazu. „Schön, dass es euch so gut schmeckt!", lacht sie. Jens schämt sich. Warum hat er sich bloß so aufgeregt? Seinen Freunden schmeckt es prima, und er hat so viele Gummibärchen, dass sie mindestens für zwei Wochen reichen! Eigentlich kann er doch zufrieden sein, oder?

Muckel ist weg!

Als Sven mit einem Arm voller Löwenzahn zu seinen Hasenställen kommt, erschrickt er: Eine Stalltür steht sperrangelweit offen! Und ausgerechnet Muckel, Svens Lieblingshase, ist verschwunden!
Dem armen Sven wird es ganz heiß. Hat er vielleicht am Abend beim Füttern die Stalltür nicht richtig zugemacht? Oder wurde Muckel gestohlen?
Sven fängt an zu suchen. Zuerst im Gemüsegarten. Dort ist der Salat gerade erntereif – und tatsächlich, als Sven genau hinschaut, sieht er, dass einige Blätter angeknabbert sind. Auch im Erbsenbeet hat der Hase ein paar von den süßen Schoten angenagt.
„Na warte, du Ausreißer!", denkt sich Sven. „Dich kriege ich!"
Bei den Möhren findet er die nächsten Spuren. Hier hat Muckel sogar die Erde weggescharrt, um an die jungen Rüben heranzukommen!
Das Möhrenbeet ist direkt am Zaun zum Nachbargrundstück. Bestimmt ist Muckel hinübergeschlüpft! Sven überlegt nicht lange und klettert über den Zaun. Wups!

Da hätte er sich vor Schreck fast auf den Hosenboden gesetzt! Ein brauner Schatten springt vor ihm auf und hüpft davon. Muckel!
Sven saust hinter ihm her. Aber die ungleiche Jagd ist schnell zu Ende, denn Muckel schlüpft einfach wieder durch den Zaun zurück in seinen Garten. Bis Sven hinterherkommt, ist er verschwunden.
Da beschließt er, erst einmal seine anderen Hasen zu füttern. Aber als er zu den Ställen kommt, staunt er – Muckel, der Ausreißer, sitzt ganz unschuldig in seinem Stall und schaut Sven entgegen, als wollte er sagen: „Warum regst du dich eigentlich so auf? Ich war doch bloß ein bisschen spazieren!"

Jenny beim Zahnarzt

Jenny hat schreckliche Angst vorm Zahnarzt. Am liebsten würde sie gar nicht hingehen, aber ihre Mutter sagt nur: „Keine Widerrede! Es muss sein!"
In der Praxis nimmt zuerst die Mutter auf dem Behandlungsstuhl Platz. Der Zahnarzt schaut ihr in den Mund. Jenny ist vor lauter Angst ganz still und macht sich so klein wie möglich. Vielleicht vergisst er sie dann einfach!
„Willst du dir die Zähne von deiner Mutter mal anschauen?", fragt der Zahnarzt plötzlich. Jenny nickt. Ein bisschen neugierig ist sie doch.
„Hier", sagt der Arzt und deutet auf eine schwarze Füllung, „der Zahn hatte mal ein großes Loch. Sieht nicht schön aus, oder?" Jenny nickt.
Ihre Mutter schnaubt mit offenem Mund, aber sie kann nichts sagen. „Und was ist das Glänzende da hinten?", fragt Jenny. „Das ist eine Goldkrone. Die ist über einem Zahn, den die Kariesbakterien völlig zerstört hatten."
„Den Zahn hast du wohl überhaupt nie geputzt!", sagt Jenny vorwurfsvoll zu ihrer Mutter. Die rollt mit den Augen und kann immer noch nichts sagen. Der Zahnarzt nimmt die Wasserspritze aus dem Ständer. „Damit wollen wir die Zähne von deiner Mutter ein bisschen sauber machen. Du kannst mir helfen."

Er gibt ihr das Gerät in die Hand und zeigt ihr, wie es funktioniert. Dann darf Jenny Wasser in Mutters Mund spritzen. Die Helferin saugt es ganz schnell wieder ab. Jenny lacht. Mutter gurgelt und findet das alles gar nicht lustig. Der Zahnarzt zwinkert Jenny fröhlich zu.

„So, meine Kleine, jetzt bist du dran", sagt er, als Jennys Mutter fertig ist. Seltsam – Jenny hat überhaupt keine Angst mehr! Und weil sie ihre Zähne immer schön geputzt hat, hat sie auch kein einziges Loch.

Das Amselnest

„Wir haben ein Amselnest hier in dem dicken Fliederbusch", sagt Simones Mutter. „Willst du es sehen?" Was für eine Frage, natürlich will Simone das! So biegt die Mutter vorsichtig die Äste des Flieders auseinander, und Simone späht angestrengt in das Gewirr von Zweigen und Blättern.
„Wie süß!", flüstert sie. „Es sind drei! Sie haben noch gar keine richtigen Federn!" Die Vögelchen ducken sich tief ins Nest und tun keinen Mucks. „Sie haben Angst vor dir!", sagt die Mutter. „Lass sie wieder in Ruhe."

Von da an beobachtet Simone das Treiben in dem Fliederbusch ganz genau. Sie sieht, wie die Amseleltern unermüdlich mit Raupen und Würmern im Schnabel hin- und herfliegen. Die Jungvögel haben ständig Hunger!
Einmal am Tag schaut sie vorsichtig in das Nest, um zu sehen, wie die Vögelchen wachsen.

Eines Tages ist das Nest leer. Zuerst ist Simone enttäuscht, aber dann hört sie lautes Zwitschern. Da sitzen die drei Amseln auf einem Ast im Flieder! Die Amseleltern sind ganz in der Nähe und pfeifen aufgeregt. Es ist, als wollten sie ihren Jungen erklären, wie das Fliegen geht! Und tatsächlich – mit einem Mal hüpft das erste Vögelchen vom Ast, flattert unsicher ein kleines Stück und landet auf dem Gartenzaun. Bald folgen die beiden Geschwister nach. Simone ist begeistert. So etwas hat sie noch nie erlebt!
Es dauert nicht lange, dann sind die drei von erwachsenen Vögeln nicht mehr zu unterscheiden. Aber im nächsten Jahr, das nimmt sich Simone ganz fest vor, will sie den Fliederbusch nicht aus den Augen lassen. Vielleicht brüten die Amseln dann wieder in diesem Nest!

Was ist mit den neuen Nachbarn?

„Die neuen Nachbarn sind doof!", erklärt Ben beim Mittagessen. „Wie kommst du denn darauf?", fragt Mutter ganz verblüfft. „Kennst du sie schon?"
„Sie sehen doof aus", murrt Ben. Dabei ist der Grund ein anderer: Er hat den ganzen Morgen zugesehen, wie die Nachbarn ihren Möbelwagen ausgeladen haben, und dabei aus Versehen einen kleinen Schrank umgekippt. Der Mann hat ihn dann ziemlich barsch weggeschickt. Aber das erzählt er der Mutter lieber nicht.
Da kommt Biene angerannt. „Wir haben neue Nachbarn!", ruft sie. „Die sind total nett, ehrlich!" Mutter lacht. „Gerade sagt Ben, dass sie angeblich doof sind. Wem soll ich nun glauben?"

„Mir natürlich", sagt Biene sofort. „Ich habe Sina kennen gelernt, die ist so alt wie ich. Sie hat einen Hund, der heißt Niko. Und weil er beim Umzug nur im Weg ist, sind wir spazieren gegangen." Biene muss erst mal tief Luft holen. „Nachher sollst du auch mit, Ben, sie will dich kennen lernen!"

Also geht Ben am Nachmittag mit Sina, Biene und Niko spazieren. Als sie zurückkommen, läuft ihnen ausgerechnet der Vater über den Weg. Ben zuckt zusammen. Hoffentlich schimpft er ihn nicht wegen des Schranks! Aber im Gegenteil – er sagt: „Das ist toll, dass Sina so schnell Freunde gefunden hat! Kommt doch herein! Bei uns sieht es zwar noch fürchterlich aus, aber immerhin gibt es belegte Brötchen und Milch. Ihr seid herzlich eingeladen!"

So kommt es, dass Ben am Abend der Mutter erzählt: „Biene hatte Recht, die neuen Nachbarn sind echt in Ordnung. Am nettesten ist der Vater! Und am zweitnettesten der Hund."

Die Maus in der Küche

Beim Spazierengehen haben Steffen und Lisa eine Maus gefangen. Die müssen sie gleich der Mutter zeigen! „Schau, Mama, was wir haben!", ruft Steffen und hält seiner Mutter die Hand hin. Ganz vorsichtig späht das Mäuschen zwischen den Fingern durch.
„Iih!", schreit die Mutter erschrocken. „Tu sofort das Vieh aus der Küche!"
„Sie ist kein Vieh!", widerspricht Lisa. „Sie ist so niedlich!" Steffen öffnet die Finger ein bisschen weiter, damit Mutter die Maus besser sehen kann. Da springt sie ihm aus der Hand auf den Tisch, von dort hinunter auf Papas Stuhl und dann auf den Boden. Ehe die Kinder sich richtig besinnen, ist die Maus auch schon hinter dem Schrank verschwunden.
„Auch das noch!", stöhnt die Mutter und fällt auf einen Stuhl. „Wie kriegen wir jetzt das Biest hinter dem Schrank wieder vor?"

„Wir müssen ihn wegrücken!", schreit Lisa. „Dort verhungert sie doch!"
Die Mutter wirft ihr einen grimmigen Blick zu. „Das wäre die erste Maus, die in einer Küche verhungert. Sie kommt in der Nacht vor und knabbert alles an. Denk nur an die Speisekammer! Wir müssen eine Falle aufstellen."
Lisa protestiert wütend. Erst als Mutter einen kleinen Käfig bringt, in dem man Mäuse lebend fangen kann, beruhigt sie sich. In die Falle kommt eine Scheibe Wurst und am Abend wird sie aufgestellt. Am nächsten Morgen sausen die Kinder schon in aller Frühe in die Küche. Und tatsächlich – die Maus sitzt im Käfig. Sie hat schon die halbe Wurst aufgefressen und schläft.
„Jetzt tragt sie gleich wieder dahin, wo ihr sie gefangen habt, und lasst sie laufen", ordnet die Mutter an. „Und ich will keine Maus mehr in unserer Küche sehen, egal wie niedlich sie ist!" Das ist Mamas letztes Wort.

Heiner in der Hüpfburg

Der kleine Jan ist mächtig aufgeregt. Heute ist nämlich das große Straßenfest, und gleich vor dem Haus ist wieder eine riesige Hüpfburg aufgebaut. Im vorigen Jahr hatte er sich noch nicht hineingewagt, aber diesmal will er es unbedingt probieren. Kaum ist das Straßenfest eröffnet, schnappt sich Jan seinen Teddybären Heiner und saust hinaus.

Ohne Heiner traut er sich nicht. Aber mit dem Teddy unterm Arm ist Jan mutig wie ein Löwe und klettert in die Hüpfburg. Anfangs ist es schon ein bisschen unheimlich. Wie der Boden wackelt und wogt! Jan wippt ganz vorsichtig und presst Heiner fest an sich. Aber dann wird er mutiger.
„Hurra!", schreit er. „Pass auf, Heiner, wir fliegen!"
Bald hüpft Jan genauso wild wie die anderen Kinder. Es kann ja nichts passieren, der Boden, die Wände – alles weich wie Watte!
„Juhu!" Jan landet auf dem Po, schnellt nach oben, purzelt auf die Knie, überschlägt sich – und lacht und lacht.

Plötzlich ein Schrei: „Heiner ist weg!" So laut, dass die anderen Kinder aufhören zu hüpfen. Jan hat geschrien. „Wir müssen ihn suchen!", brüllt er weiter. Der Mann, der vor der Hüpfburg aufpasst, wird aufmerksam. „Alle Kinder raus aus der Burg!", ruft er laut. „Ein Junge ist verloren gegangen!"
Die Kinder klettern von der Burg. Als alles leer ist, sieht Jan sich um. Dort, in der Ecke! Genau, das ist Heiner. Jan hüpft hin und hebt ihn hoch.
„Ich hab ihn!", ruft er dem Aufpasser zu.
„Was – Heiner ist ein Teddybär?", fragt der verblüfft.
Dann lacht er. „Alles wieder einsteigen! Heiner, der hüpfende Teddy, ist wieder da!"

Paula und Paula

Eines Tages, als Silvie in den Garten kommt, sitzt dort ein kleiner weißer Hase und knabbert am Salat. Silvie geht ganz vorsichtig an ihn heran. Der Hase lässt sich ohne weiteres von ihr auf den Arm nehmen. Begeistert zeigt sie ihn ihrer Mutter. „Darf ich ihn behalten, wenn er niemandem gehört? Bitte, bitte!", bettelt sie.

Paula – so nennt Silvie das Häschen – wird anscheinend nirgends vermisst. Der Vater baut ihm einen Stall, und Silvie füttert es mit Möhren und Salat.

Einige Tage später sitzt Paula wieder im Garten, mitten im Salatbeet. „Du Ausreißer!", ruft Silvie entrüstet. „Wie kommst du denn hierher? Marsch, zurück in den Stall!"

Sie schnappt sich den Hasen und will ihn in den Stall setzen – aber dort sitzt ja Paula und schnuppert neugierig am Gitter!

Die Mutter kann es fast nicht glauben. Zwei weiße Häschen in nur einer Woche! Das kann doch nicht mit rechten Dingen zugehen! Irgendwo müssen die Tiere ausgerissen sein! Aber niemand meldet sich, um sie zu holen.

So hat Silvie zwei weiße Häschen. Sie heißen Paula und Paula, weil nicht einmal Silvie die beiden mit Sicherheit auseinander halten kann. Bei schönem Wetter springen sie vergnügt auf dem Rasen herum.
Eines Tages fängt die eine Paula an, im Stall ein Nest zu bauen, und bald darauf liegen darin zwei junge nackte Häschen!
„Jetzt musst du die eine Paula in Paul umtaufen!", lacht Mutter. Silvie ist selig. Sie kann sich nicht satt sehen an den kleinen Hasen und verbringt fast ihre ganze Freizeit vor dem Käfig. Nur eines weiß sie noch nicht genau: Wie soll sie die jungen Hasen nennen? Vielleicht Paulus und Pauline?

David auf dem Straßenfest

David sitzt auf der Gartenmauer und langweilt sich. Keiner hat Zeit, mit ihm zu spielen! Mama werkelt im Garten, sein Freund Udo ist übers Wochenende weggefahren, die Nachbarn sind im Urlaub – es ist zum Davonlaufen!
„Ja, wenn Opa da wäre", denkt sich David, „dem würde bestimmt was einfallen."
Sie könnten Karten spielen. Oder Dame. Oder … Da hat David eine Idee.

Er kann doch einfach den Opa besuchen! Das ist gar nicht weit! Ob er der Mama Bescheid sagt? Ach nein, die ist so beschäftigt, die merkt ja gar nicht, dass er weg ist. Und zum Abendessen ist er bestimmt zurück!
David marschiert los. Kurz bevor er bei Opa ankommt, hört er Musik und lautes Stimmengewirr. Was ist denn das? Er biegt um die Ecke – ein Straßenfest! Wie herrlich! Da muss er sich gleich ein bisschen umsehen.

Zuerst macht er beim Dosenwerfen mit, danach spendiert ihm Opas nette Nachbarin eine Bratwurstsemmel und ein Glas Saft, schließlich muss er unbedingt noch aus Verpackungsmüll einen Roboter basteln, und dann – ja, dann steht plötzlich der Opa vor ihm.

Er macht ein ernstes Gesicht. „Deine Mutter hat angerufen. Zum Glück hat mir meine Nachbarin erzählt, dass sie dich hier getroffen hat. Weißt du eigentlich, wie spät es ist?", fragt er. David erschrickt. „Keine Ahnung", stottert er.
Opa nimmt ihn bei der Hand. „Ich bring dich schnell nach Hause", sagt er. „Aber das nächste Mal sagst du Bescheid, wo du hingehst! Deine Mutter macht sich doch Sorgen!" Das hat David nicht gewollt. Er nimmt sich fest vor, nicht mehr einfach wegzulaufen. Trotzdem – es war ein toller Nachmittag!

Oskar ist verschwunden!

„Opa hat einen jungen Hund! Ich muss gleich zu ihm!", ruft Anna und wirft den Telefonhörer auf die Gabel. Noch bevor Mutter antworten kann, ist sie auch schon aus der Tür und rennt die Straße hinunter.

Opa steht schon im Garten und erwartet sie. „Wo ist er? Sag schon, wo hast du ihn versteckt?", fragt Anna atemlos. Opa lacht. „Ich habe ihn nicht versteckt, ein Hund ist doch kein Osterei. Gerade war er noch da. Vielleicht sitzt er dort unter den Büschen."

Sofort krabbelt Anna in das Gebüsch. „Hundchen!", ruft sie. „Wo bist du?"

„Er heißt Oskar", erklärt Opa. „Aber bis jetzt hört er sowieso noch nicht auf seinen Namen." Trotzdem ruft Anna jetzt: „Oskar! Oskar! Komm zu Anna!"

Nichts rührt sich. Nun wundert sich auch Opa. „Komisch, vorhin war er doch noch da. Hinaus kann er auch nicht. Wo steckt er bloß?"

Sie suchen jetzt beide, hinter dem Gartenhaus, im Gewächshaus, im Blumenbeet, im Gemüsegarten – kein Oskar. Nicht einmal eine Spur von ihm!

Plötzlich taucht Oma auf. „Sucht ihr Osternester?", fragt sie verwundert. Opa erklärt, dass Oskar verschwunden ist. Da lacht Oma. „Vielleicht solltet ihr mal in seinem Körbchen nachsehen. Da liegt jedenfalls ein Hund und schnarcht so laut, dass die Wände wackeln!"
Natürlich ist das Oskar. Anna ist ganz gerührt. So ein süßer kleiner Kerl! Und so müde! „Aber morgen darf ich mit dir spielen, ja?", flüstert sie ihm ins Ohr. „Ich freu mich schon drauf!" Da brummt Oskar leise im Schlaf. Sicher heißt das: „Ich auch."

Melanie packt ihren Koffer

„Morgen fahren wir in den Urlaub!", singt Melanie vergnügt vor sich hin und legt acht Bilderbücher in ihren Koffer. Dann packt sie den Schwimmreifen dazu, die Sandspielsachen, zwei Puppen mit all ihren Kleidern, den Teddy und das grüne Nilpferd. In die Ecken quetscht Melanie dann noch einen Ball, einen Beutel Bausteine und zuletzt den Spielecomputer.
„Mama, ich hab fertig gepackt!", ruft sie. Mutter kommt und betrachtet Melanies Koffer nachdenklich. „Und was willst du anziehen?", fragt sie dann. „Ich brauch das aber alles!", protestiert Melanie. „Wir müssen eben noch einen Koffer mitnehmen!" Aber Mama schüttelt entschieden den Kopf.
Da taucht Papa auf. „Du kannst dir statt der Badehose ja das grüne Nilpferd um den Bauch binden, das sieht am Strand bestimmt toll aus", schlägt er vor. Er nimmt das Nilpferd aus dem Koffer, hält es sich vor den Bauch und tanzt damit durchs Zimmer. „Die neueste Mode!", singt er dazu. Melanie ärgert sich. So eine blöde Idee! Sie nimmt ihm das Nilpferd weg und legt es ins Regal. „Und wenn es regnet, dann hältst du dir ein Bilderbuch über den Kopf!", macht Papa weiter. „Sieh mal, so!"

Jetzt wird es Melanie zu bunt. Wie kann ein erwachsener Mensch nur so albern sein! Sie kippt den Kofferinhalt aus und räumt alles weg. Mama sucht inzwischen T-Shirts, Hosen und Wäsche heraus. „Das packen wir jetzt ein. Sicher ist am Schluss noch Platz für ein paar Spielsachen", sagt sie.
So ist es auch. Melanie packt den Schwimmreifen, ein Bilderbuch und den Ball ein. Und ihre Lieblingspuppe Laura darf auch mit, aber die muss nicht in den Koffer, die nimmt sie auf den Arm. Jetzt kann die Reise losgehen!

Meike kann auch etwas

Meike hat zwei größere Geschwister, Johannes und Anna. Sie bewundert die beiden sehr. Johannes kann nämlich ganz toll jonglieren, sogar mit fünf Bällen, und Anna kann Einrad fahren. Im ganzen Dorf staunen die Leute, wenn Anna mit ihrem Einrad angesaust kommt.

Meike ist traurig, dass sie so gar nichts Besonderes kann. Sie hat versucht zu jonglieren, aber ihr fallen ständig die Bälle hinunter. Fürs Einrad ist sie sowieso noch zu klein, ihre Füße reichen nicht zu den Pedalen.

Eines Tages bringt Mutter Knetmasse mit nach Hause. „Seht nur, da kann man Figuren kneten und einfach an der Luft trocknen lassen!", schwärmt sie den Kindern vor.
Das wollen Johannes und Anna sofort ausprobieren.

Anna versucht, ihre Katze Toby zu formen. Johannes arbeitet an einem Flugzeug. Aber schon nach kurzer Zeit schimpft Anna: „Ich mag nicht mehr. Jetzt hab ich dreimal angefangen und Toby sieht immer nur aus wie ein Knödel. Ich kann das einfach nicht." Und Johannes brummt: „Diese Flügel wollen einfach nicht halten. Das wird im Leben nichts!" Damit stehen die beiden auf und gehen.
Jetzt probiert es Meike aus. Sie formt zuerst eine Katze, dann ein Flugzeug. Als das gut klappt, wird sie mutiger und knetet eine Maus, einen Elefanten und einen Teddybären. Je länger sie arbeitet, um so schöner gelingen ihre Figuren. Am Abend schenkt sie Anna die Katze und Johannes das Flugzeug. Die beiden staunen nicht schlecht über ihre kleine Schwester! Und Meike ist stolz: Jetzt kann sie endlich auch etwas Besonderes!

Ronald erntet Äpfel

Es war einmal ein Zwerg, der hieß Ronald und wohnte im Lande Radysien, das gleich hinter dem Rettichgebirge liegt. Ronald war von Beruf Fischer.
Um sein Fischerhäuschen hatte er einen Garten, und darin stand ein Apfelbaum. Der war so groß geworden, dass Ronald mit der Leiter gar nicht mehr bis an die oberen Äpfel herankam, sosehr er sich auch streckte.
„Was mach ich nur?", grübelte Ronald. „Gerade die obersten Äpfel sind die besten, weil sie am meisten Sonne bekommen! Ja, wenn es Fische wären – dann würde ich einfach meine Angel auswerfen! Aber Äpfel sind keine Fische, sie beißen nicht an, egal, welchen Köder man nimmt."
Doch da hatte er eine Idee! Er holte aus seinem Boot den Käscher, stieg auf die Leiter und angelte damit nach den Äpfeln. Es funktionierte! Apfel um Apfel plumpste in den Käscher, bis der Baum leer war.

Da könnte er doch auch ... Ronald hatte schon wieder eine Idee. Er schlich sich an den Zaun und schwupp! – schon hatte er eine Birne vom Birnbaum seines Nachbarn im Netz. Noch eine und noch eine – das klappte wunderbar! Ronald kicherte. Er liebte Birnen über alles!
Doch als er den Käscher herüberholte, um ihn auszuleeren, machte er vor Schreck einen Satz. Auf den Birnen lag ein dicker Fisch und glotzte ihn mit großen Augen an! Hexerei! Wie kam der Fisch in den Birnbaum?
„Ich dachte, du bist Fischer und kein Birnendieb!", rief da der Nachbar. Ronald schämte sich entsetzlich. „T-t-tut mir L-L-Leid!", stotterte er. „Ich bezahl dir die Birnen auch!" Aber der Nachbar lachte bloß. „Brauchst du nicht, Ronald. Ich gebe dir gern von meinen Birnen ab. Ich mag nur nicht bestohlen werden!"

So ein Affentheater!

Schulausflug! Die Kinder der ersten Klasse fahren in den Zoo. „Ich will die Affen sehen!", ruft Manuel. „Ich auch! Ich auch!", schreien alle anderen.
Als sie im Zoo an das Affengehege kommen, können sie sich gar nicht mehr losreißen. Es ist aber auch wirklich zu witzig, wie die drolligen Kerle da herumspringen, sich jagen, balgen und lausen.
Doch was ist das? Da sitzen doch tatsächlich auf dem Baum am Weg zwei Totenkopfäffchen! „Mensch, schau nur, die sind ausgebrochen!", staunt Manuel mit offenem Mund. „Pst, nichts verraten! Vielleicht können wir eines einfangen!", zischt Boris. Er holt eine Banane aus seinem Rucksack und geht langsam auf die Äffchen zu. Wenn bloß der Lehrer nichts bemerkt!
Aber der ist beschäftigt. Dafür ist eines der Äffchen aufmerksam geworden. Neugierig klettert es tiefer herunter, bis es gerade über Manuel und Boris auf einem Ast sitzt. „Siehst du? Es mag Bananen!", triumphiert Boris. Aber das Äffchen mag etwas ganz anderes. Blitzschnell reißt es ihm seine rote Baseballmütze vom Kopf, und mit einem Riesensatz ist es im Baum verschwunden.

„He! Gib mir meine Mütze!", schreit Boris empört. Ein Wärter hat das Ganze beobachtet. Er lockt den Affen zu sich her und tauscht die Mütze gegen einen Apfel ein. Lachend gibt er Boris sein Eigentum zurück. „Dürfen die beiden denn frei herumlaufen?", fragt ihn Manuel. Der Wärter nickt. „Sie sind so zahm, sie laufen nicht weg. Aber sie klauen wie die Raben, darum muss ich den ganzen Tag auf sie aufpassen." „Das will ich später auch mal machen!", ruft Boris.
„Das muss ein toller Beruf sein – Affen hüten!"

Kevins neuer Freund

Kevin ist sehr unglücklich. Er ist mit seinen Eltern vor einigen Wochen in ein kleines Dorf gezogen, und alle seine Versuche, dort Freunde zu finden, sind bis jetzt fehlgeschlagen. Sosehr er sich auch bemüht, die anderen Kinder ärgern und verspotten ihn nur, weil er „der Neue" ist.
Eines Tages fährt Kevin allein vom Waldsee nach Hause. Als er um eine Biegung kommt, sieht er plötzlich neben dem Waldweg ein Fahrrad liegen. „Das ist doch die Mühle von Lukas!", murmelt er verwundert. Er steigt ab und sieht nach.
Da entdeckt er Lukas. Er liegt am Boden und rührt sich nicht.
Kevin handelt schnell. Sein Vater ist Rettungssanitäter, von ihm hat er genau gelernt, was in einem solchen Fall zu tun ist. Er dreht Lukas vorsichtig auf die Seite und prüft seinen Puls. Da wacht Lukas stöhnend auf.
„Sei ganz ruhig, ich hole gleich Hilfe!", beruhigt ihn Kevin.

Gerade kommen auf dem Waldweg ein paar Kinder heran, die zum See wollen. Kevin schickt sie zurück ins Dorf, und nur wenig später braust der Rettungswagen heran. Der Notarzt untersucht Lukas und beruhigt die Kinder. „Alles halb so schlimm. Lukas hat eine Gehirnerschütterung und ein paar blaue Flecken. Vor allem aber hatte er im richtigen Moment einen tüchtigen Helfer! Das hast du wirklich erstklassig gemacht, Kevin!"
Der ist heilfroh, dass Lukas nicht ernstlich verletzt ist. „Ich besuch dich morgen!", sagt er leise zu ihm. Lukas lächelt. „Ich freu mich drauf!", flüstert er zurück. Und da weiß Kevin, dass er einen Freund gefunden hat. Richtig gefunden – im Graben neben dem Waldweg!

Der Hase und der Igel

„Wir spielen das Märchen ‚Der Hase und der Igel' im Schultheater", berichtet Lars seiner Mutter. Er macht ein Gesicht dazu wie drei Tage Regenwetter. „Ich muss den Hasen spielen."
„Aha", sagt Mutter. „Und das gefällt dir nicht."
„Du hast's erfasst. Ausgerechnet den Hasen, diesen Blödmann, der von allen ausgelacht wird! Ich wär viel lieber ein Igel!"
Mutter versucht, Lars zu beruhigen. „Nimm's nicht so schwer. Es ist doch nur ein Spiel!", meint sie. Aber Lars ärgert sich trotzdem.

Das Stück wird im Schulgarten aufgeführt. Zwischen zwei dicken Bäumen ist die Rennstrecke für den Wettkampf. Hinter dem einen Baum sitzt der Igelmann, hinter dem anderen die Igelfrau. Dazwischen rennt der Hase hin und her. Immer, wenn er ankommt, springt einer der Igel hinter dem Stamm hervor und schreit: „Ich bin schon da!" Der Hase kann die beiden nicht auseinander halten und glaubt, dass der Igel schneller ist als er.
Lars rennt, so schnell er kann. Immer ist der Igel schon da. Die Kinder lachen ihn aus und rufen: „Mensch, die beschummeln dich doch! Merkst du das denn nicht?"
„Ein blödes Märchen!", schimpft Lars, als er mit rotem Kopf von der Bühne geht.
Da kommt der Turnlehrer auf ihn zu und sagt: „Du kannst ja wirklich rennen wie ein Hase! Hast du nicht Lust, in der Schulmannschaft mitzumachen? So einen wie dich könnten wir noch brauchen!"
Das hat Lars sich schon lange gewünscht. „Na klar!", ruft er und macht vor Freude einen Luftsprung. „Hurra! Und jetzt gewinnne ich, ihr doofen Igel!"

Fabian auf dem Berg

Immer wieder saust Fabian auf seinem Schlitten den Hügel hinab. Allmählich wird es ihm langweilig. Da beschließt er, auf die andere Talseite zu gehen. Dort ist nämlich ein Schlittenhang, der viel steiler und aufregender ist!
Er überquert also den kleinen Bach und zieht dann seinen Schlitten drüben den Berg hinauf. Bald darauf steht er ganz oben. Doch als er sich umdreht – du liebe Zeit! Ist das steil! Will er wirklich da hinunter?
Fabian setzt sich erst mal auf den Schlitten und überlegt. Andere Kinder kommen und sausen zu Tal, aber Fabian findet einfach nicht den Mut, sich abzustoßen und loszufahren. Er hat Angst zu stürzen oder im Bach zu landen.
Die Zeit vergeht. Fabian fängt langsam an zu frieren. Der Hang leert sich, denn viele der Kinder gehen heim zum Abendessen. Fabian müsste eigentlich auch nach Hause, aber wie kommt er diesen verflixten Berg hinunter?

Endlich fällt zwei großen Mädchen der ratlose Junge auf seinem Schlitten auf. „Du traust dich wohl nicht runter?", fragen sie. Fabian nickt. Ihm ist schon alles egal. Sollen sie doch über ihn lachen!
„Ich fahr mit dir. Keine Angst, ich kann gut lenken und bremsen", erklärt das eine Mädchen. Das andere tröstet ihn: „Ich versteh dich gut. Als ich das erste Mal hier war, hab ich mich auch nicht gleich getraut."
Fabian ist so froh! Er lässt das Mädchen hinter sich aufsitzen und ab geht die Fahrt! Fast weht ihm die Mütze vom Kopf, so schnell sausen sie dahin!
Unten angekommen, bedankt er sich mit roten Backen bei seiner Retterin. „Wenn du morgen da bist, kann ich gern noch mal mit dir fahren", bietet sie ihm an. „Super!", ruft er und freut sich schon auf den nächsten Tag.

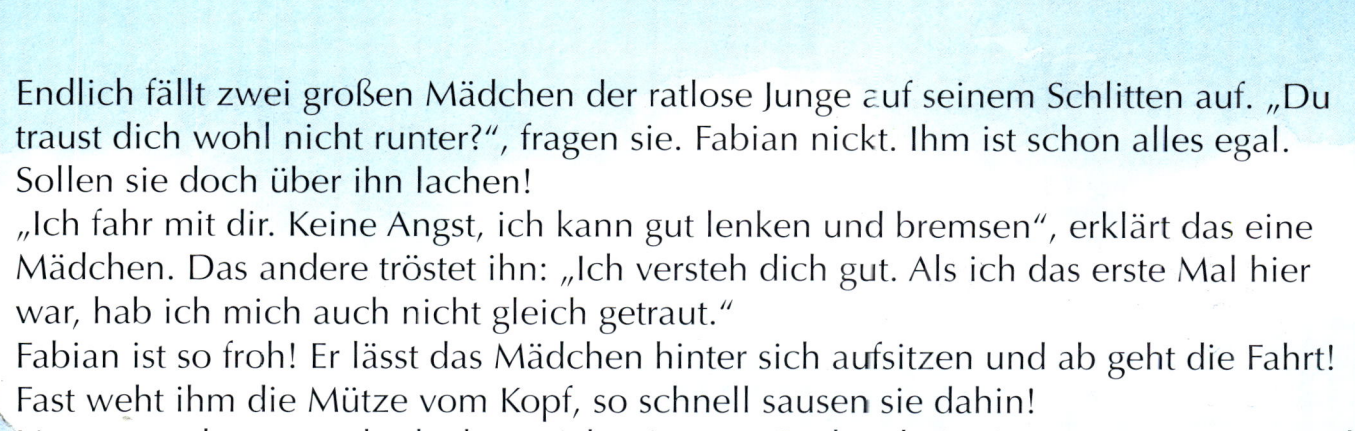

Ronald will keine Fische fangen

Zwerg Ronald, der Fischer im Land Radysien, wohnte in der Stadt Tomatingen, und sein Häuschen stand am Ufer des Flusses Spinatwasser.
Jeden Tag fuhr Ronald mit seinem Boot den Fluss hinauf, um Fische zu fangen. Aber heute hatte er keine Lust. „Immer nur Fische!", schimpfte er vor sich hin. „Ich will mal was anderes fangen!" Den ganzen Vormittag hockte er übellaunig auf dem Anlegesteg und grübelte und brummte vor sich hin. Aber da ihm absolut nichts einfiel, was er sonst tun könnte, stieg er gegen Mittag doch wieder in sein Boot. Er ruderte los und warf sein Netz aus.
Plötzlich ruckte es gewaltig. „Donnerwetter, da muss ja ein Riesenfisch drin sein!", staunte Ronald und holte das Netz ein. Wie schwer es war! Aber was war darin? Lauter Felsbrocken!
Da wurde Ronald erst so richtig wütend.

„Was für ein verflixter Tag ist das heute! Ich wünschte, ich wäre im Bett geblieben!", zeterte er. Doch dann hörte er ein Kichern hinter seinem Boot. Er entdeckte ein paar freche Zwergenbuben, die hinter ihm hergeschwommen waren und ihm den Streich mit den Felsbrocken gespielt hatten.

„Na wartet, wenn ich euch erwische!", brüllte Ronald, krebsrot vor Wut. Die Kinder schwammen schnell ans Ufer. „Wir wollten dir doch bloß helfen, Ronald!", riefen sie. „Den ganzen Vormittag hast du gebrummt, du willst keine Fische mehr fangen. Jetzt hast du was anderes im Netz und bist wieder nicht zufrieden!"

Da musste Ronald auch lachen. Eigentlich hatten die Lausbuben ja Recht. Er sollte zufrieden sein, wenn er ordentlich Fische fing! Denn das war ja schließlich sein Beruf, oder?

Hochzeit ohne Ring?

Bei der Hochzeit ihrer großen Schwester dürfen die Zwillinge Miriam und Julia Brautjungfern sein. Am Abend davor, als alle schon im Bett sind, schleichen sie sich ins Wohnzimmer und spielen „Hochzeit". Sie schreiten in ihren Nachthemden nebeneinander her und knien vor dem Tisch nieder. Julia nimmt einen Ehering aus dem Ringkissen, steckt ihn Miriam an den Finger und sagt: „Willst du mich heiraten? Dann antworte mit Ja!"

Miriam wedelt geziert mit der beringten Hand – da rutscht ihr der Ring vom Finger und rollt davon. Obwohl die beiden sofort nach ihm suchen, können sie ihn einfach nicht mehr finden. Schließlich müssen sie schlafen gehen, aber im Ringkissen steckt nur ein einziger Ehering!

Julia und Miriam sind verzweifelt. Was sollen sie bloß tun? Ihre Schwester einweihen? Unmöglich, die ist sowieso schon schrecklich aufgeregt. Da holt Julia einfach den Ehering ihrer Mutter aus dem Besteckkasten in der Küche, schiebt ihn tief in das Kissen und sagt: „Wir finden den anderen bestimmt morgen. Irgendwo muss er ja sein! Hoffentlich bemerken sie es erst in der Kirche – da können sie uns nicht schimpfen!" So ist es dann auch. Die Braut wirft den beiden nur einen warnenden Blick über die Schulter zu.

Gleich nach der Trauung machen sich die Zwillinge wieder auf die Suche. Endlich ruft Miriam: „Ich hab ihn!" Genau in dem Moment kommt die Schwester ins Zimmer und fragt: „Wo ist …?" – „Nicht schimpfen! Wir erklären dir alles!", sagt Julia schnell. Zum Glück ist ihre Schwester nicht böse auf sie. Sie lacht nur: „Ihr zwei seid unmöglich! Jetzt habe ich mit Mamas Ring geheiratet – das bringt bestimmt Glück! Und nun wollen wir feiern!"

Der Schwarzbeerteufel

Ben und Biene gehen in den Wald zum Schwarzbeerenpflücken. „Wetten, dass ich meinen Eimer schneller voll habe als du!", sagt Ben. Biene hat keine Lust auf einen Wettkampf. „Mach doch, was du willst", antwortet sie nur. Da ist Ben beleidigt und verschwindet hinter den Bäumen.
Biene hockt sich auf den Boden und fängt an zu pflücken. Ihr Eimerchen füllt sich langsam. Aber bald wird ihr langweilig so allein. „Ben! Wo bist du?", ruft sie. Keine Antwort. Die Vögel singen, Insekten summen herum, aber von Ben ist nichts zu hören. „Ben! Sag doch was! Wo steckst du?", ruft Biene wieder.
Da kracht es hinter ihr. Biene macht einen Satz vor lauter Schreck. Sie hört Ben aufschreien, dann springt ein Hase mit langen Sätzen an ihr vorbei.

„Ben, was ist passiert?", ruft sie und rennt zu einem dichten Gestrüpp, aus dem sie ihn schimpfen hört. „Ich wollte mich vor dir verstecken. Da ist dieser blöde Hase aufgesprungen, und ich bin so erschrocken, dass ich hingefallen bin. Und jetzt – schau mich bloß an!" Ben kommt aus dem Unterholz heraus, und Biene fängt an zu lachen. Er ist in seine mühsam gesammelten Schwarzbeeren gefallen und sieht aus, als hätte ihm jemand einen Eimer mit violetter Farbe übergekippt! „Wie der Schwarzbeerteufel, von dem Papa immer erzählt!", japst Biene und setzt sich vor Lachen auf den Boden. Ben findet es anfangs gar nicht lustig, aber schließlich lacht er doch mit. Zu ändern ist ja sowieso nichts mehr!

Was ist los mit Lilian?

Die Katze Leoni hat Junge: Leonardo, einen schwarzen Kater, Lilli, ein weißes Katzenmädchen, und Lilian. Die ist schwarz-weiß gescheckt und sieht aus wie eine Mischung aus Leonardo und Lilli. Aber irgendetwas ist seltsam an Lilian. Wenn Leoni sie ruft, dann kommt sie nicht. Wenn beim Herumtoben ein Blumentopf zu Boden kracht und Leonardo und Lilli vor Schreck senkrecht in die Luft springen, dann reagiert sie nicht. Und wenn Leonardo sie etwas fragt, dann gibt sie keine Antwort. Lilian ist taub, sie kann nicht hören.
Leoni macht sich Sorgen um Lilian. Aber ihre Geschwister finden sie nur blöd. Wie soll man mit einer Katze spielen, die nicht hört und spricht?
Eines Tages liegt Lilian in der Hofeinfahrt auf den warmen Steinen und döst. Leonardo und Lilli spielen ganz in der Nähe. Da hören sie, dass der Bauer mit dem Traktor zurückkommt. Aber Lilian liegt in der Sonne und hört nichts.

Der Traktor kommt immer näher. Lilli und Leonardo sind ganz entsetzt: Wenn Lilian liegen bleibt, dann wird er sie überfahren! Warum geht sie nicht zur Seite? „Lilian! Pass auf!", ruft Lilli. Doch Lilian schläft tief und fest.
Da springt Leonardo auf. Mit einem mächtigen Satz ist er bei seiner Schwester und gibt ihr einen kräftigen Stoß. Der Traktor ist schon ganz nah! Im letzten Moment springen die beiden zur Seite.
Das ist gerade noch mal gut gegangen! Lilian stupst Leonardo dankbar mit der Nase an. Der leckt ihr zärtlich den Pelz. Zu Lilli sagt er: „Wir werden ab jetzt immer auf sie aufpassen. Sie braucht uns."
Lilli nickt und Lilian kuschelt sich an sie. Ihr Herz schlägt noch wie wild von dem Schrecken. Aber wenn die beiden ihr helfen, dann wird alles gut!

Wie eine echte Balletttänzerin!

Was für eine Aufregung! Die Kinder der Ballettschule haben ihre Aufführung im Stadttheater. Vor allem Sandra ist schrecklich nervös. Sie darf nämlich zum ersten Mal ein Solo tanzen. Sie soll ein Eichhörnchen darstellen, das zwischen Bäumen herumspringt und Nüsse sammelt. Dazu trägt sie ein Kostüm aus rotbraunem Plüsch mit einem langen, buschigen Schwanz. Leider ist es erst heute fertig geworden, sodass Sandra noch nie mit Kostüm üben konnte. Hoffentlich geht alles gut! Endlich ist es so weit. Die Musik erklingt, die Kinder laufen auf die Bühne und tanzen – alles klappt wunderbar.

Dann kommmt Sandra an die Reihe. Leichtfüßig springt sie hinaus – aber was ist das? Immer, wenn sie sich dreht, kommt ihr der lange Eichhörnchenschwanz in die Quere! Sie muss ständig aufpassen, dass sie nicht über ihn stolpert! Und so passiert es dann: Sandra tritt auf den Schwanz und ratsch! reißt er ab. Zuerst ist sie wie gelähmt. Sie hört ein paar Zuschauer kichern. Aber dann erinnert sie sich, was der Ballettlehrer gesagt hat: „Egal, was passiert – weitertanzen!" So macht sie ein paar schnelle Schritte, findet ihren Einsatz wieder und tanzt, als ob nichts passiert wäre. Als die Szene vorüber ist, will Sandra schnell von der Bühne laufen – sie schämt sich so! Aber was ist das? Die Leute klatschen ja wie wild! Sandra muss sich wieder und wieder verbeugen! Dann kommt auch noch der Ballettlehrer auf die Bühne, hebt den abgerissenen Schwanz auf und überreicht ihn Sandra wie einen riesigen Blumenstrauß. „Das hast du toll gemacht", flüstert er ihr zu. „Wie eine echte Tänzerin: Egal, was passiert – weitertanzen!"

Verzeichnis der Geschichten

Ach, diese kleinen Brüder	150
Als Uribert zum Waldfest flog	42
Auch Kuscheltiere können streiken!	154
Bärli und Brummi	68
Claudia, die kleine Gärtnerin	98
Das Amselnest	212
Das blaue Band	66
Das Eichhörnchen und die Froschkonzertprobe	46
Das Fahrrad	156
Das Gutenachtschiff	22
Das Katzenkonzert	82
Das Märchen vom Sechspünktchen	124
Das seltsame Ding im Zwergenwald	74
Das vorwitzige Gänseblümchen	64
Das Zebra mit den Punkten	24
David auf dem Straßenfest	222
Der Apfeldieb	204
Der arme Balduin	96
Der aufgeblasene Frosch	110
Der Gänseblümchenhut	94
Der gastfreundliche Farn	14
Der gierige Tom	10
Der Hase und der Igel	236
Der lebende Fernseher	122
Der Neue im Kindergarten	146
Der rote Zirkus-Bus	6
Der Schwarzbeerteufel	244

Der schwere Rucksack	192
Der Streit um die Wurst	200
Der Tränen-Wunsch-Wichtel	32
Der traurige Hase	118
Der unzufriedene Elefant	40
Der verstopfte Flötenkessel	158
Der Wassergeist vom Rathausbrunnen	16
Der wundersame Rosinenkuchen	178
Die Angstmaus Molli	185
Die Butterblümchen und der Mann	84
Die drei Hutzelmänner	72
Die Fee Emilia	176
Die Flaschenpost	28
Die frechen Sternenkinder	126
Die Geschichte vom dicken Maikäfer Brummi	62
Die Geschichte von Klaus und Tine	52
Die Großeltern kommen	112
Die Maus in der Küche	216
Die rasende Lara	172
Diese verflixte Möhrentorte	206
Die Waldfee und der Frühlingsbaum	20
Die Zauberwiese	80
Ein Ball sucht einen Freund	76
Ein ganz besonderer Urlaub	136
Ein Lampion für zwei	100
Eine Hexe ohne Zauberstab	174
Eine Wiesengeschichte	120

Fabian auf dem Berg	238
Familie Igel macht einen Ausflug	104
Fredi und Ferdi Fuchs ärgern Ida Igel	188
Frühjahrsputz bei Mäuserichs	88
Frühlingsblumen mit dicken Bäuchen	102
Frühlingserwachen bei Hamsters	30
Futter für die Spatzen	36
Gefahr für den Gartenzwerg	56
Große Aufregung im Kasperltheater	108
Halb so schlimm	152
Heidi Hase feiert Geburtstag	180
Heiner in der Hüpfburg	218
Hochzeit ohne Ring?	242
Hoppelpoppel ist weg	58
Ich bin auch noch da	166
Im Kindergarten ist der Zirkus los	138
Immer nur fernsehen?	134
Immis erster Ausflug	106
Jenny beim Zahnarzt	210
Jens und seine neuen Freunde	12
Julia zieht in eine andere Stadt	142
Katharina auf dem Dachboden	164
Kathi Naschkatze	197
Katrin und der Schäferhund Bodo	114
Kevins neuer Freund	234
Markus langweilt sich	170
Meike kann auch etwas	228
Melanie packt ihren Koffer	226
Muckel ist weg	208
Oma ist die Beste!	148
Onkel Hermann baut eine Brücke	168

Onkel Hermann und das Puppentheater	162
Oskar ist verschwunden	224
Paula und Paula	220
Pony Pennys Abenteuer	128
Rebekkas Abenteuer im Keller	144
Ronald erntet Äpfel	230
Ronald will keine Fische fangen	240
Schlüsselblumen	50
Schweinchen und Maus auf der Wippe	18
Schwein gehabt	92
So ein Affentheater!	232
Teddy ist hungrig	86
Tina und Nina	132
Verrückte Wünsche	130
Vom aufgeblasenen Pfannkuchen	70
Vom frechen Spätzchen Fridolin	48
Vom Frosch Florian und der Krähe	8
Vom Jungen, der sich nicht die Zähne putzen wollte	60
Vom Sandmännchen	116
Von der Tanzmaus Mitzi	78
Was ist mit den neuen Nachbarn?	214
Was ist los mit Lilian?	246
Wenn der Kuckuck ruft	34
Wer hilft Nilpferd Nobbi?	140
Wie das Wölkchen regnen lernte	38
Wie der kleine Timmi ein berühmter Clown wurde	26
Wie eine echte Balletttänzerin!	248
Wie viele Beine hat ein Wal?	160
Wo ist Opas Brille?	44
Wotan, der Riese	90
Zauberer unter sich	54